话中有画

职场A咖都在用的沟通技巧

姚能笔 ◎ 著

北京联合出版公司
Beijing United Publishing Co.,Ltd.

图书在版编目（CIP）数据

话中有画：职场A咖都在用的沟通技巧／姚能笔著. -- 北京：北京联合出版公司，2018.3
ISBN 978-7-5596-0369-2

Ⅰ．①话… Ⅱ．①姚… Ⅲ．①口才学－通俗读物 Ⅳ．①H019-49

中国版本图书馆CIP数据核字（2017）第107431号

著作权合同登记 图字：01-2017-2841号
原出版物名：《话中有画：职场A咖都在用的"画话"技巧》© 2015 姚能笔
中文简体字版2017 © 北京时代光华图书有限公司
非经书面同意，不得以任何形式任意复制、转载。

话中有画：职场A咖都在用的沟通技巧
作　　者：姚能笔
选题策划：北京时代光华图书有限公司
责任编辑：管　文
特约编辑：李燕子
封面设计：零创意文化
版式设计：程海林

北京联合出版公司出版
（北京市西城区德外大街83号楼9层　100088）
北京雁林吉兆印刷有限公司印刷　新华书店经销
字数133千字　880毫米×1230毫米　1/32　7印张
2018年3月第1版　2018年3月第1次印刷
ISBN 978-7-5596-0369-2
定价：45.00元

未经许可，不得以任何方式复制或抄袭本书部分或全部内容
版权所有，侵权必究
本书若有质量问题，请与本社图书销售中心联系调换。电话：010-82894445

目录 CONTENTS

前言　与你"画话" // V

PART 1 第一章　"加"努力
——加点技巧，玩转话术

如果语言有色彩，你想"话"出什么颜色？ // 003
说话前打个草稿，沟通结果会更好 // 011
如果语言能画图，你想画风景画还是人物画？ // 018
让哈利·波特到"话面"来 // 026
点"数"成金的数字魔法术 // 035
职场 A 咖偷偷在玩的三种数字秘技 // 043
汽车销售女王的业绩是怎么"画"出来的 // 054

PART 2 第二章 | "减"抗力
——少点误会，效果 UP UP

成功沟通先从降低对方抗力开始 // 063

与人沟通时要懂得给对方成就感 // 072

原来赞美也可以赚到钱，赢得好心情 // 077

"小宝，你好棒哦！"请问这句话错在哪里？ // 082

小心！读完这篇你就对"它"上瘾了！ // 088

用 1% 的力量听到全世界 // 095

你是会跟狗说笑话的人吗？ // 099

为什么咖啡店都喜欢播小野丽莎的 *Bossa Nova*？ // 106

什么时候向老板要求加薪最有可能成功？ // 113

PART 3 第三章 | "用"人性
——参透人心，水到渠成

阿爸用"六全人生"教我读懂人性 // 121

激发行动力的活力泉源 // 124

让说话有"乘效"——借用巨人肩膀 // 129

发挥人性弱点的正面效益 // 135

老王的第三个西瓜 // 143

把话倒过来"画"的反面诉求 // 150

读懂人性，一切都好"说" // 156

PART 4 第四章 | 跟着 A 咖学"画话"
——说出画面感

挑动情绪、触动情感的"画话"象限图 // 171

跟着 A 咖导演学"画话"// 180
李安因巧用人性,得奖数量名列华人导演之首

跟着艺人 A 咖学"画话"// 183
迈克尔·杰克逊用感性呼唤改变世界

跟着职场 A 咖学"画话"// 187
看 OL 如何用画话技巧搞定难搞上司

跟着 A 咖新人学"画话"// 192
他,就是这样拿到工作机会的

后记 "话"画好了,然后呢? // 202

前言 PREFACE

与你"画话"

写在"画话"之前

人生就是一场不断与人沟通的"游戏",不管你喜欢不喜欢,你都已经置身其中。你只能选择赢或输、开心或不开心。本书就是教你在这场"游戏"中,如何不用耍心机,就能轻松地赢、开心地赢。

一场你不得不认真玩的游戏

现代人既然是群居生活,人与人之间的沟通就无法避免,不管你喜欢不喜欢,你都得与人沟通。差别只是在沟通的游戏中,你总是赢得别人认同的常胜军?或者,总是输掉自己立场的常败军?你期待与人沟通之后都能开心的收场呢,还是沉默不语、悻悻地离去？

或许有人会问："不就是沟通吗？有那么严重吗？"是的，沟通之于现代人的确至关重要，因为它其实如影随形，总是时时地、默默地影响着你我的心情。下次你只要稍微留意一下就会发现，此刻"开心"或"难过"的心情，就是前一秒钟与人沟通的结果所引起的。

沟通之所以时刻影响着你我的心情，是因为无论什么形式的沟通，背后都有隐性或显性的目的，而影响我们心情的，正是这个目的达到了没有。接下来，我们把所有的沟通分为三个层次，一探究竟。

沟通三层次

第一层，聊天

聊天，是最常见的沟通，看似毫无目的，事实上，无论是参与聊天的任何一方，心中都不自觉地期望获得别人的重视或认同，从而得到快乐。试想，在与人聊天时，如果你总是被忽视，或你的话语总是被否定、被质疑，你的感受、你的心情会是什么？反之，聊天时，你总能引来最多的关注，总能把大家逗得开开心心的，那么，你还会不开心吗？所以，纵使"纯聊天"，我们还是会有一种"聊效"的隐性需求——能彼此尊重、大家都开心、增进彼此的感情。

第二层，交流

这一层次有两种情况，一种是你希望通过沟通，双方达成共识。也就是说，只要你的意见被采纳即可，不代表对方必须放弃他原来的想法。例如，你希望同事把你的意见纳入某个计划里，而别人的意见仍可以同时存在；另外一种情况是，你希望通过沟通获得对方的意见。例如，你想开发"多媒体课程"，可是没有周延的想法，所以你希望找人来交流，脑力激荡一下。此时，你交流的目的就是希望能获得更多、更理想的具体做法。

第三层，说服

说服的目的也有两种情况，第一种是要卖出商品，这个目的性是非常清晰、强烈的，所以我们无须在此赘述。第二种是把自己的"想法"推销出去，进而取代对方原来的想法。例如，你家正打算购买一部汽车，但是买哪部汽车？大家意见分歧，此时，你想要说服家人同意购买你看上的车子。

总而言之，在群居生活里，你我都必须参与这场沟通的游戏，所以，为了得到沟通之后的好处，我们都应该学习优化沟通的技巧，也就是画话技巧。一旦学有所成，今后无论与人聊天、交流或是要说服别人，你都能游刃有余。最后，好人缘、成就感、好业绩，甚至是快乐，必然都是你可以拥有的！

职场 A 咖的画话之旅由此启航

"过程轻松、结果双赢"的沟通是你所期待的吗?

请看职场 A 咖卖衣王子是怎么做到的!

卖衣王子教我的"画话"技巧

这是发生在去年秋末冬初的故事,故事情节至今令我难以忘怀。某天傍晚时分,我来到一家百货公司,准备参加好友聚餐。由于早到多时,索性就在百货公司闲逛了起来。就在一层又一层楼、一个又一个专柜之间,我听到许多柜台销售员的招呼声,"欢迎光临!""参考看看哦!""先生,买条领带吧!"没有一句能引起我的注意力。直到一个男装专柜的年轻帅哥的一句招呼语——"先生,今年的冬装你买了吗?"让我停下了脚步。

咦?这句话不但引起了我的注意,我竟然也随着他这句话思考了一下——"咦?今年的冬装?嗯!我的确还没买。"

我看了看他,他接着说:"进来试穿看看我们设计师今年最得意的作品,让自己帅一下、开心一下怎么样呀?"哇!这帅哥的招呼语跟开场白,完全抓住了我的心理,因为这句"让自己帅一下",对我这个感性又爱美的男人来说,诱惑足够了!

不过,我还是故意推辞了一下:"我可没有要买衣服哦。"

"没关系啊!反正我闲着也是闲着,您进来试穿衣服,我才有事做、才有价值啊！"这句话完全消除了我试穿之后必须购买的压力。

我走进他的专柜随意看了看，帅哥又出招了。他拿起一件色彩鲜艳的上衣说："先生，您的衣柜里有没有这个颜色的衣服？"

乖乖，这小子是受了什么销售训练呀？竟然使出了这么一个激发客户需求的高招——他故意挑了一个一般人不会有的颜色来创造客户未知的需求。我刻意刁难了一下他，我说："我的确没有这个颜色的衣服，可是，你看我这年纪，穿这个颜色的衣服太过花哨了吧？"

"这叫'不会太刻意的花哨'。"哈哈哈！这帅哥的嘴，刁得激起了我想跟他斗斗嘴的欲望。我再给他一个难题："可是，我是一位讲师，不适合穿太花哨的衣服吧？"

他又接招了："讲师？那一定很辛苦，对吗？"

我说："是啊！"

"老师讲课讲累了，总该减个压吧？难道您到郊外减压的时候还要穿正装吗？这个时候给自己一个潇洒的装扮，心理年龄不就更接近学生了吗？"他说道。

我必须承认，我被他说服了，他完全创造了我未知的需求。

我拿起他推荐的衣服端详一番，越看越觉得好看。我想，要是我能年轻十岁，应该会买下这件衣服。犹豫中，我被他盛情地推进了试衣间。

我穿着他口中设计师最得意的作品，对着镜子前照后照，衣服拉了又拉，像足了女人试穿衣服的模样。坦白说，我还真有一点喜欢这衣服了。

他看出了我的犹豫，接着使出了我事后觉得太高明、太"狠毒"的销售技法。他说："您先不要决定，再试试这一件，我觉得可能也很适合您！"我接过他口中设计师自己也在穿的衣服又进了试衣间。完了！我也觉得好看极了！两件各有特色，也各有搭配的灵活度。

这招之所以"狠"，就在于我本来犹豫的是"买或不买这一件"，但他很巧妙地把我引导到"买一件还是买两件"的思维中：

"男人的衣柜每年有一两件新衣服才是道德的。"

"斯文的外形搭配斯文的衣服是对的，但是，有一两件张扬一点、酷一点的衣服也是应该的。"

"想象一下穿着这件又帅又酷的衣服走在一片大草原上，多惬意呀！"

"穿上这一件，您说，能不引来一阵欣赏的注目吗？"

"我只怕您老婆担心您太帅。"

"感谢您让我有事做。感谢您让我更有价值。"

那天，完全没有打算要买衣服的我，不自觉陷入他用满口的"画话"技巧所勾画出来的美丽"话面"中，我买了一件外套、两件上衣、一条裤子。

职场A咖"卖衣王子"邀你一起加入"人生胜利组"

根据我的了解,"卖衣王子"是该公司专柜的 Top Sales,听说也兼任公司内部教育训练的讲师,可说是"人生胜利组"的成员,也就是本书所谓的"职场A咖"。就我的观察,职场中的A咖们多半都是某种形式的沟通高手,他们都会使用一些简单又有效的沟通技巧来达成沟通的目的,就像我遇到的这位卖衣王子——说真的,我认为那天花这笔钱买的已经不是衣服,而是历经了一场精彩无比的"画话之旅"。

这位我称为"卖衣王子"的帅哥巧妙应用了一系列"画话"技巧:他的话生动有趣,让我完全没有压力;他的话充满热情,让我购衣时兴致勃勃;他也充分掌握了我的性格,让我最终完全解除防线,束手就擒。更重要的是,在这样的过程中,我们两个都轻松愉快、乐在其中,而最后的结果又是令双方都满意的双赢局面。

过程轻松、结果双赢。这就是我对本书的期许:希望大家能借由本书轻松学习各种"画话技巧",让自己的"话"更生动、更有色彩、更能打动人心,赢得一场又一场沟通;进而拥有好人缘、拥有成就感、拥有好业绩!就像"卖衣王子"一样,逐步成为职场A咖,加入"人生胜利组"俱乐部!

本书的关键思维与编排架构

本书的关键思维：一个终身受用的沟通力公式

有一次我到成都讲课，跟当地友人聊天时发现，在四川话里"耍朋友"是谈恋爱的意思。所以，在四川会常常听到有人问："你耍朋友了没？""耍几个啦？""是耍人还是被人耍了？"我惊讶又开玩笑地问："那么，如果双方最后没有走向红地毯，是不是都是和平分手？"友人爽快地回答说："是啊！因为大家都知道彼此都是耍来耍去的呀！"这答案当然是玩笑话。不过，这句"耍朋友"倒是让我想起了一则故事。

记得大学时期，班上有一位男同学暗恋一位同校的女同学，于是他展开了猛烈而疯狂的追求。他每天晚上必定到女生宿舍门口站岗，目的只有一个：想创造一个偶遇的机会。他站岗时手上永远有一朵红色玫瑰花，有时还会对着女舍门窗方向高唱："你问我爱你有多深，我爱你有几分，我的情也真，我的爱也真，月亮代表我的心……"他更喜欢在下雨天做这件事，而且绝不撑伞、不穿雨衣，口咬玫瑰花，故意让雨淋得一副可怜的模样，只希望能博得女方怜惜。

一个学期过去了，这位"痴情男"上课没全勤，"站岗"却从来没有缺席过。可惜的是，女同学毫不动心。"痴情男"茶不思、饭不想，情绪极其低落。这时，班上一位"耍朋友高手"出现了,他自告奋勇,找了我跟另外一位同学组成"军师团"。通过情报分析发现,根本问题是对方对"痴情男"的成见太深,当然没有结果。于是,我们要求"痴情男"暂停所有的追求行动。

当时,"耍朋友高手"说了一个至今令我印象深刻的公式:销售力等于努力减抗力(销售力改成沟通力、说服力,这个公式都成立)。他说,当我们非常努力、结果却不如预期的时候,不仅要检讨"努力"的方法,同时还要想办法消除或降低对方的"抗力"。仔细分析,的确如此,假设有一个人付出"十分"的努力,但对方抗力也是"十分",两者相抵,结果当然是"零分";而另外有一个人,虽然只付出"五分"的努力,但是他懂得同时把对方的抗力降到"零",那么他的结果反而会有"五分"。

因此,我们"军师团"开始帮"痴情男"在班上、系上、校园里搭建起各种表现的平台,也就是制造各种让"痴情男"可以表现的机会。经过我们的一番努力,根据探子回报,对方的成见渐渐降低了。又过了一段时间,那位女同学甚至对我们的"痴情男"产生了好奇心,进而开始有了好感。最终,皇天不负苦心人,爱情修成了正果——"痴情男"变成了"最佳男主角","耍朋友高手"变成了"人气媒人婆"。而这段故事传诵至今,一直是同学会中永远谈不腻的话题。

从这个故事中,我们学到了以下宝贵的沟通观念:

第一，我方努力的方法千百种，我们希望本书介绍的"画话"技巧能帮助读者优化"努力"这个环节的质量；

第二，对方的抗力如果不消除或下降，结果绝不会是我们所期待的。因此，我们必须同时立篇介绍消除或降低对方"抗力"的方法，让每一个"画话"技巧都能发挥最大的沟通效果。

本书的编排架构：加、减、用

第一章，加努力。内容为各种职场 A 咖会用来加强或优化我方努力效果的"画话"技巧。

第二章，减抗力。内容为各种职场 A 咖用来减少或消除对方抗力的"画话"技巧；先排除沟通障碍，让我方的努力完全得以发挥效果。

第三章，用人性。由于沟通对象必定是人，所以，研究沟通不能不谈人性；同时，沟通对象绝不会是单一的对象，所以性格分析也是必需的。本章内容就是通过介绍几种轻松掌握，并巧用对方人性或性格的"画话"技巧，让加努力、减抗力更加精准有效。

第四章，跟着 A 咖学"画话"。本部分内容将分享数则职场 A 咖应用"画话"技巧的故事，希望读者在学习了各种"画话"技巧之后，再观摩或检视职场 A 咖如何应用"画话"技巧，让大家更能融会贯通，达到最佳的学习效果。

PART 1
第 一 章

"加"努力
——加点技巧,玩转话术

英国社会心理学家迈克尔·阿盖尔（Michael Argyle）的研究显示，表达形式比表达内容重要4.3倍！那么，究竟如何优化你的表达形式呢？偷偷告诉你，符合新时代沟通模式3S特性——Simple，要简单；Summary，说重点；Surprise，给惊喜——最有效。

第一章要介绍的，正是让你的努力发挥加、乘效果的"画话"技巧，这些技巧简单易懂、易学好用，还能帮助你画出一幅幅色彩鲜艳、生动有趣的美丽"话面"！

第一章
"加"努力——加点技巧，玩转话术

如果语言有色彩，你想"话"出什么颜色？

> 比拟描绘就像是文字百宝箱里的彩色笔，能让你的"话"变彩色、变生动！只要你能善用它，人生也就因此五彩缤纷！

我很喜欢周星驰的电影，他的电影充满创意与"笑果"，颇有减压之效。我最喜欢的作品之一就是《鹿鼎记》，其中有段相当经典的台词："我对阁下的景仰有如滔滔江水，连绵不绝，又如黄河泛滥，一发不可收拾。听阁下一言，胜读十年书，看古今风流人物，还数阁下！能在此间见到您，真是小弟一生之荣幸，回家定要烧香祭祖，感谢先辈积下阴德！"

随着这段文字，相信很多人的脑海中会浮现出周星驰的夸张肢体表现，以及那独特的配音。而这段话之所以成为经典，主要就是因为使用了比拟描绘这个技巧。想象一下，如果去掉这段比拟描绘，直接说："我非常景仰阁下，见到您真是小弟一生的荣幸，回家一定要烧香祭祖，感谢先辈积下的阴德呀！"这样还会有什么趣味吗？又如何能成为经典呢？

所谓比拟描绘，就是打个比方、比喻一下的意思，发语词通常是"就好像是……""就如同是……"。这是一个非常有效又受欢迎的技巧，习惯使用比拟描绘技巧的人，通常会被认定为风趣幽默、有说服力的人,所以在这里强力推荐给大家!

比拟描绘的五大效果

比拟描绘通常有五种效果,可以分别达到不同的目的。我们依照比拟描绘的五种效果,举例说明如下:

1. 效果一:增加趣味

前面周星驰的台词就是使用比拟描绘来发挥趣味的"笑果"。事实上,在我们生活的周遭,处处可以发现充满趣味的"比拟描绘"。例如歇后语:下雨天打小孩——闲着也是闲着;肉包子打狗——有去无回;哑巴吃黄连——有苦说不出;猪八戒照镜子——里外不是人;等等。

林语堂曾经说过:"演讲要像女孩子的迷你裙一样,越短越好。"全球畅销书《达·芬奇密码》中有这么一段描述:兰登教授年约四十,俊帅的面貌及知性的气质,再加上魅力的声音,让他成为全校最受欢迎的老师之一。女学生们总爱说,听他的声音就像耳朵吃巧克力一样。

2. 效果二:帮助理解

当你预期对方不容易听懂你的意思,或你说的话非常专业,而对方不熟悉时,就需要打个比方来帮助对方理解。例如，专业人士——科学家、医生、信息人员、理财专员、保险或健康食品的营销人员等，最需要运用比拟描绘来沟通。

上述专业人士当中，医生跟我们最近又最远。近是因为每个人难免都有些病痛，都有机会与医生互动；远是因为医生口中的医学名词总是深奥难懂，仿佛是来自另一个星球的语言。这时候，比拟描绘就是最好的沟通桥梁！

这是我听过最经典的案例：

一位大肠癌患者问医生："肿瘤已经切除了，为何还要化疗？可以不要吗？"医生回答说："癌细胞就像是一群叛军，我们发现它们在你的大肠里建立了大碉堡，我们判断这里就是它们的总部，已经直接把总部摧毁了。但是，由于这些碉堡建造得很结实，根据经验判断，这些叛军可能已经派出军队，通过秘密通道建立新的基地，并伺机而动。它们最喜欢去的地方是肝跟肺，最爱渗透的就是淋巴结。我们怀疑这些叛军可能已在某些地方埋伏了，而对付这种神出鬼没的叛军，目前最好的方式就是使用空投法（化疗），大规模炸毁它们。不过，不可避免地会误伤其他善良的老百姓。但是，为了消灭叛军，避免它们继续壮大，到处为非作歹，这应该是损伤程度相对较低的选择了。"

3. 效果三：强化意念

美国航天飞机"发现者"号指挥官艾琳·柯林斯呼吁世人要爱护地球、保护大气层。她大声疾呼："大气层已经薄得像鸡蛋壳一样，经不起我们一再破坏了……大家必须好好保护它……"这段话就是使用比拟描绘来强化她要表达的意念。

当你想要强化心里的感受或想法时，比拟描绘是一个很有效的方法。有时你甚至会发现，如果没有比拟描绘，真的无法精准地表达或抒发你的感受！例如：

"拜托！拜托！帮帮忙，我已经急得像热锅上的蚂蚁了！"
"哦！完蛋了！你捅了一个大蜂窝！"
"这件事就像泼出去的水一样，无法挽回了！"
"这件事简直是比登天还难！"
"业绩不像挤牙膏，一挤就有！"

这些句子都是用比拟描绘来强化意念。

4. 效果四：简化长篇大论

西方医学之父——希腊医学先驱希波克拉底（Hippocrates of Kos）对于医生与患者之间的关系有独到的看法：

他认为药物与手术刀都是医生用来救人的必要法宝,但是,在医生眼中再普通不过的专业知识,对患者来说可能如同一团迷雾。如果患者无法理解自己的病情,以及医生将要如何医治自己的病症时,将会对医生失去信任,对自己的病情也将失去信心。一旦如此,再好的药物与手术刀也将黯淡无光。因此,唯有通过语言做好沟通,让患者对医生与自身病情重拾信任与信心才是王道。所以,他认为,语言就像是医生的一把钥匙,可以打开横亘在医生与患者之间的门,拉近彼此的距离。

以上这段"长篇大论"的确不容易被记住。于是希波克拉底把这段思想简化为医生有"三个法宝"——语言、药物、手术刀。

希波克拉底以"三个法宝"来比喻"语言、药物、手术刀"对医生的意义与价值,借此来传达他的思想,时刻提醒着医生们。如此,不但方便沟通、容易记忆,更利于传颂,也不怕医生忘记。

5. 效果五:处理对方异议

现在的小孩在外容易被一些垃圾食物诱惑,反而不肯吃蔬果,造成饮食严重失衡,许多父母都对这样的状况头痛不已。一个 A 咖妈妈这样搞定偏食而爱美的女儿:

彩虹是天际线上最美的景色，如果你也希望自己像那道最美丽的天际线，那么每天就要履行彩虹饮食法，让你的餐盘上出现如彩虹般七彩缤纷的食物与蔬果。

在规划企业训练时，有些客户会要求讲师承诺，培训之后一定要看到业绩有明显增长。A 咖讲师这样搞定客户：

相信你一定同意小孩要长大成人，一定要吃饭，对吗？那么，培训就像小孩吃饭长高、长壮一般，你无法要求小孩每吃完一餐就要求看到当天长高几厘米、增加几公斤。你只要深信吃饭有助于他长大，坚持天天三餐有序地吃，每隔一段时间，保证你就会发现小孩又长高了，甚至有一天，你还会惊讶地发现，孩子竟然长得比自己还高了！培训之于业绩的成长也是如此，它可以逐步地提升业绩，却无法速成……

学习比拟描绘的四把钥匙

比拟描绘是一个非常有效而有趣的技巧，看起来、听起来好像很简单；但要"画"出这样的话可不是那么容易的！那么，到底要如何学会比拟描绘？我们建议使用以下方法学习，帮助自己养成使用比拟描绘的好习惯，来增加说话的魅力与沟通的效率。

1. 第一把钥匙：从成语、歇后语中学习

翻翻成语辞典、歇后语大全，不难发现比拟描绘的踪迹。所以，如果要有系统或刻意学习的话，这是个捷径。

2. 第二把钥匙：从报纸、杂志、电视上收集案例，养成敏感度

每天阅读报纸、杂志，看电视时，可以刻意收集各式各样的比拟描绘现成案例，尤其是新闻标题与广告，这些都是出现比拟描绘最多的地方。如果发现不错的例子，记得加以整理、记忆，养成对比拟描绘的敏感度。

3. 第三把钥匙：观摩周遭人的案例

从欣赏的角度，多看、多听别人所使用的比拟描绘。如果你在别人使用比拟描绘时，能在第一时间感受到上述效果的话，你就会愈来愈喜欢比拟描绘，也会开始使用这个技巧了！

4. 第四把钥匙：自己多多尝试应用

尝试发挥想象力，自创比拟描绘的例子。就如同本书创造了许多比拟描绘。例如，将"把话说得更漂亮、更传神"比喻成"画话"；把能够把话说得很到位，或者能把话说得有艺术价值的人比喻成"话家"。

如果沟通的议题很重要，时间也允许的话，各位可以根

据上述五种效果，先拟定自己的目的（想要表现趣味性，还是要简化长篇大论，或其他效果？），接着准备好比拟描绘的内容，然后再上场。在表达时养成说"就好像是……"的习惯，强迫或提醒自己多用比拟描绘。最后，要注意在使用比拟描绘时，千万不能失当或过当，否则，结果将会适得其反。

比拟描绘就像是文字百宝箱里的彩色笔，能让你的"话"变彩色、变生动。只要你能善用它，人生就将因此五彩缤纷！

"画话"小行动 ♡

想让你的话更有色彩吗？快来画画看！

学习就像漆油漆，必须经过一层又一层的"学习—模仿—应用—检讨"才能学得好，也才能内化为自己的功力。现在就请拿起笔来，为你的"话"涂上色彩吧！

效果	你可以怎么运用
增加趣味	
帮助理解	
强化意念	
简化长篇大论	
处理对方异议	

说话前打个草稿，沟通结果会更好

善用 5W1H 在听者脑海中建构一幅条理清晰、结构分明的立体画面，让对方更容易理解，沟通效果自然会更好。

大家一定都听过这句话：这人说话怎么都不先打个草稿呀？这绝对是一句负面评价。然而，如果每次说话前都要先打草稿，似乎又太麻烦！本章就要教大家一个简单有效的画话技巧，让大家能快速而自然地打草稿；养成习惯后甚至可以变成条件反射动作，无形中提高自己的说话功力！

以下我们先看两个案例比较（如表 1-1 所示）。

表 1-1　具体化描绘

案例	一般说法	A 咖说法
1	Kid 的成绩很不错，你应该多多跟他学习	Kid 的成绩很优秀，每次月考都是全校前三名，这可是他每天下课后泡在图书馆苦读两个小时的成果，你应该多多跟他学习
2	我觉得 Red 是一个很不错的人，做人很好，很会帮助别人，做事又很快，所以我推荐他	我觉得 Red 是一个很不错的人，每次只要看到同事在加班，他就会主动过去帮忙，而且手脚利落。别人要三个钟头才能完成的事，他一个钟头就可以搞定。在公司里的人缘超好的，所以我对他十分满意，强力推荐他

显然，以上两个案例中，A咖的说法比较具体而有分量，影响力自然高出许多！这其中隐藏着一个简单而重要的"画话"技巧，也就是最适合用来在说话前快速打草稿的技巧：具体化描绘。

我过去曾担任文字记者工作，受过新闻写作的训练。记得当年新闻写作老师特别提醒我们，如果想要写出一则精彩的新闻，最基本的动作就是要有架构，通过架构来叙述新闻内容，我们称为具体化描绘；而这个具体化的架构就是5W1H（Where，何处；Who，何人；When，何时；Why，为何；What，什么结果；How，如何做）以及"数字"。有了这些"具体化因子"，就可以将一个事件、故事、简报有逻辑地串起，具体呈现，让听者更容易理解，沟通效果自然会更好。

具体不具体，结果大不同

具体化描绘可以说是最基本、最简单，却也是最关键的画话技巧，因此，最适合用来在短时间内清楚地表达自己的意见，或凸显自己的优势，例如面试、提案、辅导、会议等场合。以下我们先说明具体化描绘在职场面试中的应用，不管是应聘者还是面试官，都可以通过这个画话技巧得到更好、更有效的成果。

市场上有一门关于甄选人才的课程——目标选才（Target

Selection），主要是告诉面试官，如何在面试中精准地挑选公司所需的对的人才。这个课程最重要的核心思想就是：面试官在面试过程中，必须不断地收集应聘者的完整行为事例，也就是应聘者过去的一些具体作为。例如，面试官询问应聘者说："你过去在工作上有没有什么成功的案例？"如果应聘者在回答中完整涵盖了5W1H，往往可以获得相对高分。这表示应聘者说话是非常具体化、有条理、有逻辑的，此外还提供了完整行为事例——在这件事情上应聘者采取了哪些具体行动。如此一来，应聘者就可以帮助面试官取得更有利于自己的信息，也可以间接证明应聘者确实是做了一些事，所言不假。因为要马上编出一段具备具体化因子的故事不是一件容易的事。

相反地，如果应聘者在回话中没有主动运用5W1H来回答问题，那么，面试官就必须在同一事件上，不断使用5W1H追问应聘者。例如：当时的经过如何？当你遇到这个困难的时候，有没有做什么特别的努力？当时你们有多少人参与这项计划？你当时的绩效如何？排名如何？等等。

像这样的选才方式，就是运用具体化因子来收集应聘者的完整行为事例，进而从这些事例中判断与验证应聘者个人特质、经历与能力。所以，如果能养成具体化描绘的说话习惯，不但会增加说话的力量，更能为自己争取到好的工作机会！

对面试官而言，善用具体化因子的问句来收集完整行为事例，会使面试过程更有效，也更能辨别出哪些应聘者才是符合企业所需的人才。

如何具体，随你组合

具体化描绘简单易学，而且可以视需要灵活组合应用，并不要求绝对具备哪几个元素。具体化因子的应用重点不在多寡，而在精准；使用上也不讲究顺序或频率，而在于逻辑。下面我们举几个具体化因子的组合范例。

1. 应用案例一：当你要评论某个人、某件事或某物时

当你要评论某个人、某件事或某物时，首先区分正面反馈与有待改善的反馈两部分（根据需要择其一应用或两者并列使用），然后再应用"具体化因子"组合（如表1-2、表1-3所示）。

表1-2　正面反馈的基本架构

例句： 我觉得你这道菜很好吃！
正面反馈的基本架构： 先说What，是什么；再说Why，为什么
加入"具体化因子"： （What，是什么）你这道菜的味道实在很丰富！ （Why，为何如此）因为吃下去会先有股酸辣的味道，嚼了几口之后又有回甘的感觉，不断挑动着味蕾，很精彩！

第一章 "加"努力——加点技巧，玩转话术

表1-3 有待改善的反馈的基本架构

例句：
老实说，你这道菜还好！
正面反馈的基本架构：
先说What，是什么；再说Why，为什么；最后说How，怎么做
加入具体化因子：
（What，什么内容）你这道菜的味道比较淡，而且味道单调了一点 （Why，为何如此）因为只有一点点西红柿的味道 （How，怎么改善）如果能再多放一个西红柿跟一点盐，然后再加一些葱花，那味道就会变得很丰富了

2. 应用案例二：当你要给上级提案或给别人建议时

当你要给上级提案或给别人建议时，要想获得理想的效果，一定要加入"具体化因子"（如表1-4所示）。

表1-4 有效的提案或建议

举例：
公司内部的羽毛球团队比赛，在第二轮比赛之后，你部门的积分暂居第二名。此时，你想建议队长做出比较大胆的战略调整，以争取冠军
基本架构：
先说What，说明情况和对策；其次说How、Who、When，怎么做、谁做、时机；再次说Why，为什么；最后说So、What，可以得到什么结果

（续表）

> 加入具体化因子：
> （What，现在是什么情况）分析目前两队的比分、各队员得分状况、两队各队员实力比较……
> （What，我方该做什么决策）必须大胆调整原来的战略
> （How，怎么做＋Who，谁做＋When，什么时候做）在下次比赛第一场，就改派小强跟阿旺的黄金组合上场，并且采取快攻的战术……
> （Why，为什么要这样做）说明你如此建议的关键理由。例如，因为小强最善于"杀球"，而阿旺又最善于"做球"给队友，同时，小强跟阿旺是目前体能状况最佳的队员，两人又有默契……
> （So、What，那又如何）说明这样做之后，可以得到什么好处。例如，在下次比赛一开始就先挫挫对方的锐气，提升我方士气，并且可以在第一回合就先追平比分……

在使用具体化描绘时请特别注意：各个具体化因子的分量，会随着事件本质的差异或沟通对象对于某项因子的重视程度而不同。所以，有时必须特别强化某一个因子的内容或力度。例如，有时要特别强调 Why，为什么要这样做；有时要特别强调 How，怎么做；有时则是强调 When，什么时机最好。

应用具体化描绘放大你的说话效果

具体化描绘是个简单又巧妙的"画话"技巧，可以帮助我们在说话前打个草稿，让自己说的话更有架构、更有逻辑性，

沟通效果自然会更好。"具体化描绘"就像是一盏投射灯，可以将说话的效果放大好几倍。

　　善用具体化因子，依照不同的情境快速组合出不同的说话架构，可以更有效地传达自己的思想，个人的说服力与影响力也会不断提升。

如果语言能画图,你想画风景画还是人物画?

有句话说"一幅图胜过千言万语",那么,图像加语言的"具象化描绘"就是威力最强大的沟通方式。

"我家门前有小河,后面有山坡。山坡上面野花多,野花红似火。小河里,有白鹅,鹅儿戏绿波。戏弄绿波,鹅儿快乐,昂首唱清歌……"记得小时候在唱这首歌的时候,脑海中总是会浮现出清晰的画面,那画面令人舒畅无比。

这是为什么呢?

因为这首歌词使用了"具象化描绘"技巧,所以画面感十足,也是它传唱数十年的关键。

同一个产品的广告,一个使用广播放送,一个通过电视放送,相信大家都会同意,在其他条件相同的情况下,电视的广告效果肯定比广播好很多,这是因为电视的具象化、图像化效果完全超越广播。在具象化、图像化的效应下,整个讯息的传达效果将会更具活泼性、魅力与影响力。如果将其运用到沟通中,将更能达到加分、加成的效果。

将这样的概念运用到说话上,就是我们所谓的具象化描绘技巧:当你说完话之后,对方的脑海里会浮现出一幅你所描述的画面或图像,进而充分感受到你所传达的意境。假如你说话都能有这样的效果,那么,你肯定会是一个说话生动有趣、充满魅力的人了,不是吗?

"具体化描绘"与"具象化描绘"有何不同?

我们曾在前面的章节中介绍过"具体化描绘",那么"具体化描绘"与"具象化描绘"有何不同?

具体化描绘,强调话的立体感,就像是房子的结构或画作的构图。

具象化描绘,强调话的画面感,同时要更有生命力,就像是房子的装潢或画作的色彩。

具象化描绘就是用文字、语言画图

要增加具象化效果,必须加上一些具象化因子,例如表1-5所示:

表1-5 具象化因子

要素	具象化因子
构成画面的基本特征	大小、长短、轻重、形状……
让画面变3D立体的永久性特征	高壮体格、黝黑皮肤、大大鼻子、驼背

（续表）

要素	具象化因子
让画面变 3D 立体的方位	前方后方、左边右边、坐在一棵榕树下
让画面变彩色的暂时性特征	穿着白色衬衫、染着金色的头发
让画面动起来的动作或表情	大笑、快步走、敲打桌子、蹑手蹑脚、愁眉苦脸
让画面也有声音的象声词	呱呱叫、吱吱吱、嘎嘎声、哈哈哈、扑哧、扑通
让画面更有氛围的形容词	美美的、柔柔的、紧张兮兮的、神神秘秘的
让画面充满味道的气味词	一股迷迭香、气味芬芳、烧焦味、煤气味

此外，也可以再加上数字及 5W1H 的具体化因子来组合应用。同样地，具象化因子的应用不在于多寡，而在于巧妙。例如李白的诗"举杯邀明月，对影成三人"，短短两句话就用了具象化描绘与比拟描绘，因而成为典范，传诵千年。

"画话"小学堂

巧用具象化因子，助你一臂之力。

那个地方很危险

一般说法：

那个地方很危险喔！经常有人跌倒，千万别去。那天我看到一位小姐跌了一大跤，真的很惨！

具象化描绘：

那个地方很危险，经常有人跌倒，千万别去。昨天早上（When／何时）我看到一个身穿白色洋装的小姐（暂时性特征），右手撑着雨伞，左手提着大包包（动作），才走不到两步路，就"扑通"（象声词）仰坐下去，四脚朝天（What／结果），真的很惨！

分析：

第二种说法运用了具体化因子（When、What）及具象化因子（特征、动作、象声词），听起来更生动、更有色彩，令人印象深刻，当然也就更有说服力。

一栋很有情调的别墅

一般说法：

这可是一栋很有情调的别墅喔！如果两位买下这栋

别墅,以后每天与这么漂亮的景色为邻,真的非常罗曼蒂克哟!

具象化描绘:

你们看,正前方有高山、有湖泊,湖泊边又有一棵大榕树(情境建立)。想象一下(引导),如果你们拥有这栋别墅,每天辛苦下班之后,夫妻俩就坐在湖边的榕树下,铺上白色桌巾,泡一杯香浓的咖啡,看着远山,欣赏着夕阳的余晖(连续五个动作),湖里的两只天鹅"嘎嘎"(象声词),不时穿梭在你们眼前(动作),哇(感叹词)!这可是仙境般的人生呀(增加氛围的形容词)!

分析:

第二种说法由眼前景象延伸,引导对方在脑海中勾勒出具有愉快感、幸福感的画面,仿佛身临其境的享受。如此一来,就不难让对方答应我们的要求啦!

清境农场很适合全家度假

一般说法:

听说清境农场是一个很适合全家度假的圣地,我们全家今年也去一趟清境农场好不好?

具象化描绘:

我们有一个同事(Who),在每一年寒假(When)

都会带着全家（Who）到清境农场玩（Where），因为听说那里空气清新——嗯（象声词），吸气的时候你的眼睛会自然闭起来，嘴角会自然往上扬起（动作）；景色更是迷人——重重叠叠山、弯弯曲曲路（3D立体的方位），加上普罗旺斯风格的民宿，是最适合全家度假的圣地（Why），每次他们都玩得好开心喔（What／有什么好处）！如果是自己开车去（How／动作），还可以沿途欣赏窗外风光（How／动作），充分享受度假的乐趣（What／有什么好处）。所以，我们全家今年也来一趟清境农场之旅，好不好呢？

分析：

充分应用具体化因子之后，画面感十足，完全强化了"清境农场是度假胜地"的具体形象。这样的提议自然就更具有吸引力与说服力了！

四方法两原则，让你成为具象化描绘高手

如何强化自己具象化描绘的能力呢？如表1-6所示，列举以下方法供大家参考：

表 1-6　具象化描绘四方法

方法一	说话前，自己脑海里先有画面 众所周知，《哈利·波特》的作者 J. K. 罗琳非常擅长说故事，她的故事之所以生动而吸引人，就在于她使用了大量的具象化描绘来描述魔幻般的故事情节。罗琳曾说过，她在下笔之前，会先在脑海里建构一个画面，然后再把自己脑海里的图像一句一句地描绘出来，她的故事才会精彩。所以，我们把罗琳这个好习惯列为学习具象化描绘的第一方法
方法二	引导对方发挥想象力 在进行具象化描绘之前，习惯加一句"想象一下……"，先引导对方发挥想象力，帮助对方进入幻想世界
方法三	善用各个具象化因子 本文列举的各个具象化因子皆可随心所欲地组合应用，同样地，重点不在用的多寡，而在精准与巧妙。我的经验是：象声词因子特别有画龙点睛之效
方法四	加入感情、融入情境 当你在描绘内容的时候，应该适时适当地通过声音、表情与肢体语言加入感情，并让自己融入当时的情境，把氛围营造得更接近你要的境界。尤其是，当你表情十足时，效果将会加分不少

此外，应用具象化描绘时应该把握以下原则（如表 1-7 所示）：

表 1-7　具象化描绘二原则

原则一	避免言论又臭又长。具象化描绘与具体化描绘都要讲究精准与巧妙，才会恰到好处，绝对要避免冗长，否则容易引起对方不耐烦，反而坏了好事
原则二	讲究适当的情境。进行具象化描绘时要注意当时的情境，例如，对方无心听讲、当下环境嘈杂或时间紧迫等情境，都不适合进行具象化描绘

让哈利·波特到"话面"来

《紫牛》作者赛斯·高汀说:"真正口耳相传的,不是产品创意与特色,而是故事。"

大家都爱听故事,那么,何不让它成为你的沟通利器?

故事是人类历史上最古老的影响力工具,从远古时期开始,人类就借由说故事来化解对未知的担忧和生活上的挣扎;巫师和族人们会一同围坐在营火旁,将具有意义的故事传述给族人,帮助他们培养对世界的认知、对自然的基本尊重,以及如何延续人类的生活。

故事要是能讲得生动,绝对可以取代许许多多沟通技巧、销售技巧,效果可能会好上加好。读者必定认同——许多人在听完一场演讲或上完一堂课之后,过不了多久,内容可能就忘得差不多了,但是,对于主讲人说的某一个故事则可能印象深刻,久久无法忘怀,甚至因此改变了自己原来的想法,思想与行为都受到了影响。

故事的魔力

故事的魔力古今中外例证很多,我们列举几项:

1. 故事能救命

在世界名著《一千零一夜》里，大臣的女儿用一个又一个故事吸引了国王的注意，因而拯救了许多无辜的生命。

2. 故事能"造神"

要塑造一位令人敬佩的人物，亘古不变的方式就是通过故事传诵他的事迹，感化大众，进而让大众崇拜。我国历史上就流传着大量的英雄人物故事。

3. 故事能卖钱

市面上有许多商品，一旦注入了"故事"之后，很容易就让人印象深刻，增加口耳相传的元素，因而热销或增加客户的忠诚度。世界知名的星巴克咖啡、Levi's牛仔裤、中国的阿里巴巴等，都是故事性十足的品牌。

4. 故事能集资

投信业者要为其客户到市场上募集资金时，通常会把客户的企业成长过程与获利前景编织成一则生动且精彩的故事，这是说服投资者的一个重要方法。

沟通难度越高，越需要讲故事

全球知名的美国非营利机构 TED 每年举办 TED 大会，邀请众多科学、文学、音乐、设计等领域的杰出人物来分享关于技术、社会、人文领域的思考和探索。每位演讲者只有十八分钟时间，因此在事前必须非常精准地设计演讲内容，既要能完整表达自己的想法，又要能抓住观众的眼球，对演讲留下深刻印象，绝对是高难度的沟通任务。美国沟通专家卡曼·盖洛（Carmine Gallo）在《跟 TED 学表达，让世界记住你》（*Talk Like TED*）一书中，针对上百场精彩的 TED 演讲进行了科学化分析，归纳出九大成功秘诀，其中第二个秘诀正是掌握说故事的技巧，也就是说，"讲故事"是顶尖演说不可或缺的元素。（注：TED 是指 Technology、Entertainment、Design，即技术、娱乐、设计。）

大家或许听过一句话：保险是全世界最难销售的商品。是的，一点也没错。保险业务员最大的挑战就是：如何让客户愿意打开耳朵听下去，并且有所感，进而掏钱购买。如果询问保险业务高手这一问题，十个有九个会说讲故事。

我曾经在第一线卖过保险，在我们单位，高手的业绩都是靠讲故事做出来的。故事往往能像哈利·波特施法般，神奇魔力立现，助业务员一臂之力。以下这则故事正是当年我们单位最爱用，也是最能在短时间内触动人心的故事：火烧

第一章
"加"努力——加点技巧,玩转话术

戏院。

有一天,小陈带着老婆跟一对儿女去看电影。就在入座的时候,小陈发现他儿子每天去的网咖店的老板也带着一家大小来了;不久,又看到他老婆每隔几天就会去光顾的美容院的老板全家人也来了;接下来,他们常去光顾的KTV的老板全家也来了。由于今天的电影是好莱坞的年度大戏,所以座无虚席。电影开始播放了,时间分秒飞过,电影十分精彩。突然,一股烧焦味传来……咦?没错!是失火!戏院烧起来了,大家开始惊慌失措。见义勇为的小陈因为对戏院比较熟,所以陆续引导网咖店老板全家、美容院老板全家、KTV老板全家一一逃出去。事隔多时之后,他才发现他的妻小还在原地颤抖、发呆,完全没有人理会。此时,火势更加凶猛,天花板开始掉落。小陈紧张地想冲过去拯救他们,可是距离太远,戏院里又乱成一团,大家自顾自地往外逃,竟然也将小陈不断地往外推挤出去。小陈伸出唯一可以挣脱的右手指向家人,开始呐喊,也开始后悔……他,非常后悔、非常懊恼、非常自责……(注:本文摘自《电话营销轻松成交》)

看了以上的故事,不知你有何感想?小陈的行为非常值得敬佩呢,还是太笨了?如果你是他的家人,你认同他的行为吗?这样见义勇为对他的妻子、小孩公平吗?是的,对于被救的人来说,他的勇气是值得敬佩的,但是对他的妻子跟小孩来说,太不公平了!

其实,不买保险的人就像是小陈:在发生危险的时候,舍弃家人不救,却抢着先去救助别人——花钱上网咖、上美容院、去KTV享乐。相反地,如果能先规划好保险,行有余力,再把钱花在其他娱乐上似乎比较合理,也更符合责任原则,不是吗?

练习讲故事:小故事、自己的故事

以上这些案例都证明了故事的确影响力非凡。正因如此,学习讲故事就变成"画话"高手必修的功课了。根据我的经验,建议大家可以从以下三步骤入手:

1. 从转述小故事开始

故事不一定要长,小故事也有深刻含意。有志者可以先从收集故事开始,现在网络信息发达,大家每天在网上或微信上一定都会接收到不少故事,请养成习惯,将印象深刻的故事收集起来(建议先从较短的小故事开始)。接着练习转述这些故事,并且发展自己对此故事的诠释或寻找更多应用的机会。

2. 练习说自己的故事

自己的故事是最吸引人的，不管是自己小时候的经历、生活上与某些人、事物的互动经验等，都可以发展出一段专属于自己的故事。这样的故事不但具有独特性，而且能加深听者记忆，进而给你留下深刻的印象。

3. 运用描绘三法宝

练习过转述故事或创作自己的故事之后，你还可以继续优化表达形式，善用本书的比拟描绘、具体化描绘与具象化描绘等画话技巧来使故事更精彩、更立体、更栩栩如生。

当然，读者们如果能精通本书所有技巧，并且应用在故事上，肯定会让故事加倍生动、更能打动人心。

大家都爱听故事，何不善用它，让它成为你的沟通利器？未来在遇到重要的向上报告、比稿、抢标、演讲、目的性很强的沟通，甚至在谈判之前，请养成习惯思索一下，可以在哪个环节加入一个适当、生动而感人的故事。同时也别忘了注意或营造合适的环境与氛围哦！（环境与氛围的相关介绍，可参考本书："为什么咖啡店都喜欢播放小野丽莎的 *Bossa Nova*？"）

"画话"小行动

用故事助你一臂之力。

学会说故事的第一步,就是收集故事、转述故事,并且加上自己的诠释。以下是网络上流传的几个小故事,有兴趣的读者可以尝试在合适的时机以自己的方式转述。

故事一

有一对夫妇在逛百货公司,太太看中了一套高档餐具,坚持要买,丈夫嫌贵,不肯掏钱。业务员一看,悄悄地对先生说了句话,先生一听马上就掏钱了。

是什么让这位先生马上转变态度的呢?

原来,业务员对先生说:"这么贵的餐具,你太太是不会舍得让你洗碗的。"

我的启示:学好沟通、了解人性是很重要的。

你还可以得到什么启示?

这个故事还可以应用在什么地方?

故事二

一个卖瓷碗的老人挑着扁担在路上走着,突然一个瓷碗掉到地上摔破了,但是老人头也不回地继续向前走。

路人看到了觉得很奇怪，便问："为什么你的碗摔破了，你却不看一下呢？"

老人回答："我再怎么回头看，碗也是碎的呀！不如赶紧到市集摆摊赚钱去！"

我的启示：该发生的都会发生，也都会过去，不用懊悔过去，积极向前看！

你还可以得到什么启示？

这个故事还可以应用在什么地方？

故事三

一只鼬鼠要与一只狮子决战，狮子果断地拒绝了。

鼬鼠说："你害怕了吗？"

狮子说："开玩笑，如果我答应你了，你就可以得到曾经跟狮子比武的殊荣；而我呢？以后所有的动物都会耻笑我堂堂一只大狮子竟然和小鼬鼠打架！"

我的启示：不要被不重要的人和事打扰，因为成功的秘诀就是专注在目标上，而不是把时间浪费在无谓的琐事上。

你还可以得到什么启示？

这个故事还可以应用在什么地方？

故事四

猫和猪是好朋友。一天,猫掉进大坑,猪拿来绳子,猫叫猪把绳子扔下来,结果他整捆扔了下去。

猫很郁闷地说:"这样扔下来,怎么拉我上去?"

猪说:"不然该怎么做?"

猫说:"你应该拉住绳子的一头啊!"

猪就跳下坑去,拿了绳子的一头,开心地说:"现在可以了!"

我的启示:不怕神一样的对手,就怕猪一样的队友。鼓励团队积极学习,让彼此成为相互加分而非减分的队友!

你还可以得到什么启示?

这个故事还可以应用在什么地方?

点"数"成金的数字魔法术

亚里士多德说:"数字是量化的语言。"它可以左右人的情绪变化,可以作为判断的依据,也可以作为比较的基础。

何谓数字魔法术?简单地说,就是巧用数字的各项特性,像变魔术般让听者产生各种有助于沟通的感受或理解。首先,我们先来看一段幽默的"数字化"对话:

有一位员工通过 Line 向老板请一天假的时候,发生了以下对话:

老板在 Line 上回答员工:

你想请一天假?我帮你算算看,你能请这一天假吗?

一年里有 365 天你可以工作,可是,一年 52 个星期,你已经每星期休息 2 天,剩下 261 天工作。

你每天有 16 个小时不在工作,去掉 170 天,剩下 91 天。

每天你花 30 分钟时间喝咖啡,加起来每年 23 天,剩下 68 天。

每天午饭时间你花掉 1 小时,又用掉 46 天,剩下 22 天。

通常你每年请 2 天病假，这样你的工作时间只剩 20 天。

每年有 5 个节假日，公司休息不上班，你只工作 15 天。

每年公司还慷慨地给你 14 天年假，算下来你就只工作了 1 天！

而你还要请这 1 天假？

员工也不甘示弱，马上回复老板：

你怎么不说每天八点半上班，我七点就要从家中出门？

这段时间我是为了来公司上班，但是公司没算钱给我。

按照我的薪水计算，这段时间累积一年下来是 92 400 元。

每天五点半下班，我要到六点半才能到家，这段时间我是因为上班而牺牲的，但是也没算钱给我。

按照我的薪水计算，这段时间一年也要 61 600 元。

公司规定不能随便穿衣服，一定要穿衬衫、西装裤、皮鞋。

偏偏我最讨厌穿衬衫、西装裤和皮鞋。

一年下来，我得额外花掉 32 000 元买衣服。

每天看计算机，对我的眼睛是一大伤害，我近视平均每年增加至少 100 度，医药费加更换眼镜的费用合计 28 000 元。

为工作伤害了我自己永久的健康，公司也没有任何补偿，这部分至少要给补偿金 200 000 元。

我每天用鼠标、键盘，害得我肩膀酸痛得要死，回家还要自己买贴布来贴，这部分的花费是 1 200 元。

第一章
"加"努力——加点技巧,玩转话术

每次有项目,你一句话丢下来,我就要费尽心思,随时随地走到哪里都在想,连半夜做梦都会梦到。公司也没给我奖金,估计一年价值 369 600 元。

客户不爽,打电话来公司对着我的耳朵狂吼狂叫,弄得我神经衰弱、食欲不振,加上每天开夜车赶文案,精神和体力双透支,血压飙到 180。

我开始怀疑我会过劳死,公司没给我任何补贴,也没有保险,这部分得算个 100 000 元,我才能平衡。

为了和同事、客户打好关系,我出国玩的时候,还要买个纪念品送同事和客户,纪念品的钱得花掉我 6 000 元。

现在,我不过要请一天假,就在那边和我计较我每天几小时喝咖啡、几小时没在工作;我迟到几分钟还要扣我钱;每年为了工作伤身请了几天的病假,你也在和我计较;连我每天吃午饭,为了下午工作有精神,养精蓄锐的时间,也跟我计较半天。

然后,然后,最后,你还质问我要请这一天假?

你先说说,我一年多付出 890 800 元的钱又该如何补偿给我?

你到底给不给我准假?

这是不是一段很有趣的对话呢?

显然对话中的两位都是数字魔法术的高手。假如我们试着把对话中老板所说的数字都删除，那么老板的话就完全无法成立，也就没有这段有趣的对话了；再或者，把对话中员工所说的数字删除，员工的反驳也会显得软弱无力。由此我们发现，数字的确是有其魔力的。

那么，数字有哪些魔法呢？根据我的经验，数字至少有三种魔法：可以左右人的情绪变化，可以作为判断的依据，可以作为比较的基础。

数字魔法术一：左右人的情绪变化

有一天，你跟同事约好下午两点钟见面，要一起去拜访一个非常重要的客户。

到了一点四十五分的时候，你的同事来电说："实在很抱歉！因为有事耽误了，可能会晚点到。"

你说："啊？怎么搞的？这么重要的事怎么会……哎！那怎么办？能不能快点来？"同事回答："对不起啦！我尽快就是了！"

此刻，同事的不守时肯定会让你很生气，更会心急如焚，甚至不知所措。

但是，如果你的同事这么说："实在很抱歉！因为有事耽误了，我估计会迟到十分钟。"有了十分钟这个数字之后，魔力

第一章 "加"努力——加点技巧，玩转话术

发生了——你还是会生气，但至少你知道具体的等待时间，情绪会笃定许多。你会因此冷静面对，并且进一步做出应该做的应变。例如，你可以决定是否一个人先去见客户，或先给客户打个电话。同样地，此时你可以给客户一个比较明确的时间，当客户心里有底之后，相对而言，可以接受迟到这件事。否则，假如客户没有被告知要等多久，根本无法评估当下是否可以先做点别的事，如此一来，肯定无法谅解迟到这件事。

根据心理学的研究：一个人在面对没有明确时间长度的等待时，非常容易产生不耐烦，心中"容许等待"的时间往往都极为短促。例如排队，当排队队伍越长越无法预估时间时，就算大家都没有其他急事，仍然容易产生不耐烦的情绪，火气往往处在爆炸临界点。

此时，如果有人可以给一个预告的时间，例如，迪士尼游乐园会在长长的人龙队伍中，每隔一段距离处贴一块预测时间的牌子，那么就可以大幅降低多数人的不耐烦情绪。这在心理学上就是所谓管理期望，进而疏导情绪的原理。

所以，以后如果遇到要让客户、属下、朋友等待时，务必懂得通过明确的时间数字来管理期望，进而疏导对方的情绪。相反地，当我们自己处于长长的人龙中时，自救的方式就是把排队的时间预估长一点，使心理上释放出更多的时间、空间，并且找点事情做，例如，拿起手机阅读电子书，把心思转移到时间以外的地方。

数字魔法术二：作为判断的依据

有一次我到市场买西瓜，正当犹豫要选择哪一摊的西瓜时，其中一个老板拿出甜度测量器说道："先生，我们今天的西瓜甜度高达十二度，是口感最好的甜度，你要不要来量一下？"

我果然被这位老板的话所吸引，走过去把玩他的甜度测量器。他说，一般西瓜的甜度低于八度，大家就会觉得这西瓜不甜，介于十度到十三度就是口感最好的甜度。

听完他的解说，有了十度到十三度之间的口感最好这个判断依据之后，我马上掏钱买了一个甜度十二度的西瓜。这西瓜虽然贵了许多，但从此我成为他的忠实客户。

因此，当我们要取信于他人或强化说话的力量时，应用数字魔法术是最好的方法之一。例如："我在前一家公司的业绩一直名列前茅"对比"我在前一家公司的业绩，第一季排名第六名，第二季排名第三，季季成长"，哪一句话更有说服力，就显而易见了。

数字魔法术二最主要的功能在于：作为判断的依据，加快做决定的速度，协助对方做出正确的决策。

数字魔法术三：作为比较的基础

汽车业务员说："我们车的价格虽然比较贵，销售量比他牌车子好，证明我们的车比较贵是值得的，是可被接受的。"

这句话乍听之下似乎合理，但如果追根究底，就会发现，该车的累积销售量是一千辆，他牌车的累积销售量是九百九十八辆，相差只有两辆，那么业务员所说的"我们的车比较贵是值得的"这个论点就不足为信了。

我们再换到另一个场景。

业务主管在一次团队会议上如此说："甲最近一个月的表现非常棒，值得其他同人看齐！因为他最近的客户拜访量不但超标，业绩更是提早完成。更重要的是，他的业绩从倒数第二名一举上升到第四名，这种优异的表现，绝对是大家的学习对象。"

此时，组员不一定能通过这段话感受到甲有什么值得学习的地方。

如果这位主管能用数字作为比较的基础，情况是不是会更好呢？

"甲最近一个月的表现非常棒！因为他最近的客户拜访量在第一周就超过标准值百分之十，接着周周上升，最后达到了标准值的一点五倍；同样地，他的业绩也是周周成长，早在第三周就超越目标的百分之一百一十！而当时其他人的目标达成率最高也不过百分之八九十而已。经过一个月的辛勤努力，甲的业绩从倒数第二名一举跳升到第四名，整整进步了十五名。所以，大家应该向甲的优异表现看齐！"

数字魔法术三最主要的功能在于：用数字作为比较的基础，以利于大家看清事实，加强说话的力量或有效性。

亚里士多德曾经说过："数字是量化的语言。"在说话时应用数字魔法术，不但可以左右一个人的情绪变化，而且可以成为对方判断的依据或比较的基础，如此也就更能优化沟通效率或提升说服力量了。

第一章
"加"努力——加点技巧，玩转话术

职场 A 咖偷偷在玩的三种数字秘技

跟着 A 咖玩转数字魔法术，原来数字也可以这么好玩！

十多年前，我曾参加美西旅游团，饱览洛杉矶、拉斯维加斯等地风光。除了美丽风景，令我印象最深的就是当时的导游小蔡。他总是巧妙运用各种比拟描绘与说故事的方式解说各地风景与典故，所有团员都听得兴致盎然。他正是我们所谓的画话高手。

他在介绍赌城拉斯维加斯的饭店时提到，这里的饭店一家比一家豪华、一间比一间大，最大的饭店总共有五千多个房间。大家一时间无法体会五千多间有多大，小蔡就这么比喻："五千个房间的饭店有多大？假如一位孕妇入住后生下一个小孩，之后这个小孩每天换一个房间住，全部房间轮一次，走出饭店时，小孩已经十三岁半了！你说大不大？"游客一听，异口同声大叫："哇！真的很大呀！"

这位旅游界的 A 咖正是偷偷运用了一种数字秘技，适当地强化他所要描述的事实，让听者不但听懂了他要表达的内容，还连带产生了他希望对方听完之后产生的特定感受。其实这种秘技人人可学、处处可用。将它加入你的日常对话中，可以让沟通变得更有张力，也更有趣味。

秘技一：把数字换个计算单位，出其不意，引人注意

在描述事件时，把人们惯用的、常用的时间单位换成意想不到的，出其不意，给对方留下深刻的印象。

"画话"小学堂

换个计算单位，出其不意，引人注意。

职场 A 咖奉劝同事要珍惜时光，努力向上

职场 A 咖奉劝同事要珍惜时光，努力向上。他是这么说的："一个人平均寿命是七十五岁，那是多少天？只有二万七千三百七十五天哪！你今年都三十五岁了，你知道此生只剩下多少天吗？一万四千六百天！一定要好好把握机会追求梦想呀！"

分析

一般人习惯用"年"来看待人生，这位 A 咖突然改用"天"的单位来诉求。由于脱离对方的预期，会让大脑"分心"一秒钟，此时再注入一句勉励的话，会让听者对

这番话的印象更深,也更容易朝 A 咖期望(鼓励)的方向发展。

情场 A 咖对女友说距离

情场 A 咖对女友说:"宝贝!上海到台北,不过是一部电影的距离而已,你想我时,我就立刻飞回来看你呀!"

分析

一般人习惯用"公里"来标示两地距离,台北到上海几百公里的距离早已超过一般人能理解的范围,只会觉得很远。而这位情场 A 咖将这无法理解的数字转换为"搭乘飞机的时间",结果得出一个极小的数字——九十分钟,接着再用比拟描绘说明这九十分钟不过是"一部电影的时间",大大缩短了距离感。

秘技二:把数字变成对焦镜,变轻变重随心所欲

数字有很多种,包括折数、百分比、倍数、绝对数、平均值等,其中运用巧妙各有不同。一般来说,折数、百分比与倍数比较,是比较模糊的概念,很多时候会让人感觉像是外国

语言一样，需要经过一层翻译变成绝对数之后，才能感受到其中真正的分量。当然，这么说并不代表折数、百分比与倍数比较，不好用或应该少用，只是提醒大家巧妙各有不同，应用得当效果就加倍。

至于要不要用或怎么用，要看你当时的情境、目的或角色而定。不过，我们先定义一下，因为折数、百分比与倍数是比较模糊的概念，本书将这些数字称为隐性说法；绝对数是明确数字，所以叫作显性说法。

运用这些数字的原则是：如果绝对数对你比较有利，或可以更清楚表达你的意思，那么请尽量使用绝对数。相反地，如果绝对数对你比较不利，就应该使用折数、百分比与倍数。就像对焦镜一样，如果想让呈现出来的画面模糊些，就往左转一转；如果想让画面清晰一点，就往右转一转。

以下我们用几个案例来说明。（特别声明：数字魔法术的应用是在事实不变、感受改变的原则下进行的，我们坚持在不欺骗的情况下，适当地应用。）

百货公司周年庆限时抢购

隐性说法：

周年庆限时抢购！

全柜一律九折！

显性说法：

周年庆限时抢购！

全柜满一万送一千！

分析与选择：

大家不难发觉现在百货公司几乎不太强调折扣了，反而更喜欢用绝对数。因为绝对数才有重量感，吸引力完全不一样。其实我们稍微想一下便知道，不管是"满千送百"还是"满一万送两千"，不过是九折跟八折而已。

商家周年庆大拍卖

隐性说法：

周年庆大请客！

本店 4K 智能型电视打八折！

显性说法：

周年庆大请客！

本店 4K 智能型电视原价八万元，请客价六万四千元，马上省一万六千元！

分析与选择：

如果你是店长，应该使用显性说法，可以立即抓住客户的注意力，走进店里参观。

公司业绩成长

隐性说法：

今年我们公司的业绩增长两倍，是业界增长最多的公司。

显性说法：

今年我们公司的业绩从一千万元增长到三千万元，足足增长了两千万，是业界增长最多的公司。

分析与选择：

假设业界的业绩都是以亿元计算，公司在对外宣称时应该选择隐性说法，让数字好看一点。

产品销售量分析

隐性说法：

我们公司的产品在健康食品专卖店卖得呱呱叫！全台湾有百分之九十的健康食品专卖店都在销售我们的产品，其中好多家专卖店一半以上的营业额都是来自我们公司。

显性说法：

我们公司的产品在健康食品专卖店卖得呱呱叫！全台湾有九十几家的健康食品专卖店都在销售，其中更有三家专卖店，每月一百五十万元的营业额都来自我们的产品。

分析与选择：

乍听之下好像真的很好，事实上，全台湾健康食品通过直销、网络、药局、专卖店，一整年的销售额超过两千亿新台币。其中专卖店只有一百多家，销售额只占百分之一，虽然高达百分之九十的专卖店有销售，但并不代表销售额好坏。

"好多家"是"实际上有三家"的模糊说法；"一半"的市场占有率乍听之下虽高，其实一家店的销售数字不过是一百五十万元。而还原整个数字之后，我们会发现，该公司整年的销售额约为一千五百万元，与两千亿新台币的市场规模无法比拟。

如果你是消费者，可以通过对隐性与显性说法的分析，判断数字背后的真相；如果你是这家公司的业务员，应该使用隐性说法，并且继续使用第三种魔法术——把数字变成"美图秀秀"，从中找到自己的"优势数字"，加以发挥。

秘技三：把数字变成"美图秀秀"，突出重点，让"话"更美丽

美图秀秀是一款广受欢迎的影像编辑软件，可以轻松对照片进行各种修饰美化，突出照片重点所在。同样地，通过对数字的编辑，如除法、乘法、对比化、加入比拟描绘、挑选优势数字等，我们可以突出重点，让自己的"话"变得更美丽。

"画话"小学堂

把数字变成"美图秀秀"。

参加旅游的员工人数

没有数字：

哇！今年参加员工旅游的人好多呀！

数字化：

哇！今年参加员工旅游的有八十几个人哪！

数字化进阶运用——对比化：

哇！今年参加员工旅游的有八十几个人哪！以前最多也不过二十几个。

加入比喻：

哇！今年参加员工旅游的有八十几个人哪！以前最多也不过二十几个，今年一年等于过去四年的总和。

优势数字（对主事者有利的数字）：

哇！今年参加员工旅游的有八十几个人哪！等于百分之九十的员工都去了，反响实在非常热烈。

业绩描述

没有数字：

今年我们的业绩再创历史新高，各位的表现真是可喜可贺！

数字化：

今年我们的业绩再创历史新高，达到五亿三千万元，各位的表现真是可喜可贺！

数字化进阶运用——数字化除法：

今年我们的业绩再创历史新高，达到五亿三千万元，每个人的贡献度高达两千三百万元，是业界第一名，各位的表现真是可喜可贺！

加入比喻：

今年我们的业绩再创历史新高，达到五亿三千万元，每个人的贡献度高达两千三百万元，是业界第一名。每个人的业绩都可以抵一家小型公司一年的营业额了，这也代表各位每天帮助了十二个家庭，各位的表现真是可喜可贺！

优势数字（对主事者有利的数字）：

今年我们的业绩再创历史新高，达到五亿三千万元，市场占有率是百分之三十四，等于每三个消费者就有一个使用我们的产品；每个员工的贡献度也高达两千三百万元，不但是业界第一名，更是同业平均值的三倍多，各位的表现真是可喜可贺！

对客户服务的重视

没有数字：

我们旅行社为了提供更高效率的服务，不惜花费巨资提升 e 化设备，可见公司对客户服务有多么重视！

数字化：

我们旅行社为了提供更高效率的服务，不惜花费两亿五千万的巨资提升 e 化设备，可见公司对客户服务有多么的重视！

数字化进阶运用——数字化除法与乘法：

我们旅行社为了提供更高效率的服务，不惜花费两亿五千万的巨资提升 e 化设备，以每年五千万的获利来看，必须五年才赚得回来，可见公司对客户服务有多么重视！

加入比喻：

我们旅行社为了提供更高效率的服务，不惜花费两亿五千万的巨资提升 e 化设备，这笔费用相当于免费招待十万名客户出国旅游（或相当于十家旅行社一整年的营收总和），可见公司对客户服务有多么重视！

优势数字（对主事者有利的数字）：

我们旅行社为了提供更高效率的服务，不惜花费两亿五千万的巨资提升 e 化设备，光这笔钱就占了前三大旅行

> 社当年年度总支出的百分之六十五！可见公司对客户服务有多么重视！

　　数字可以左右人的情绪变化，还可以作为判断的依据或比较的基础，对于优化沟通来说，效果与重要性可见一斑。至于该如何应用数字，我们这里提供了三个数字魔法术：把数字换个计算单位以达到出其不意的效果；或把数字当成对焦镜，切换隐性或显性说法以转换焦点；抑或把数字当成美图秀秀，利用乘法、除法等适度修饰或强化话语。请随时练习这三个魔法术，就才能让数字变优势，将数字化的威力发挥得淋漓尽致！

汽车销售女王的业绩是怎么"画"出来的

价值说到位,价格无所谓!

我有一位好朋友的妻子是欧系汽车业务员,她曾经连续三年获得全国销售总冠军的头衔。有趣的是,她不是全公司最懂车的,却是最懂得卖车的人,她与客户沟通的技巧非常值得我们学习。

有一段时间,因为欧元升值过多过快,他们的车价失去了市场竞争力。当她的同事正在愁眉苦脸、业绩大受影响时,她却很快恢复信心,业绩也迅速回到水平之上。对比她跟其他业务员的销售技巧,我们发现她的同事过于理性诉求,反而无法把产品的价值说到客户的心坎上。而她总能运用感性诉求把产品的价值说到位,让客户忘了价格问题。

当她的同事很严谨地跟客户说:"我们这车子的扭力比同级车大了百分之三十,别家的车在引擎转数达到三千六百转时,扭力只有三百一十牛每米,我们却高达四百牛每米。"

她却说:"这款车的扭力很强哦!当你想要超越前面车子时,只要轻轻踩一下油门,就可以瞬间超越对方,享受快人一等、领先群伦的乐趣啦!"

第一章
"加"努力——加点技巧，玩转话术

当她的同事向客户说："这车子使用了最新型的麦花臣式液压悬吊系统，可以在转弯时保持车身的平衡，舒适度提升了百分之八十。"

她却说："这车子有一种神奇的魔力哦！就是当你在转弯时，车身会自动保持平衡，大大提升了舒适度，不但可以让开车的你减轻驾驶疲劳，坐在车内的老婆也不用担心会晕车了！如果你的老婆发现从此不会晕车是因为你选车时的体贴考虑，肯定会感动极了。"

当她同事炫耀地说："我们这车子是业界第一家应用最新LED灯的，鲸鱼头的造型，超酷炫的！"

她却说："这车子巧妙地应用了LED灯，加上鲸鱼头造型，吸睛力简直破表。当你的车停在路边时，路人很难不多瞧它一眼！假如有人停下脚步来欣赏它时，请不要怀疑他是想偷车，其实他是在欣赏汽车工艺的经典佳作。你一定会很有成就感跟满足感的，对吗？有一天，你一定会赞叹自己选车的眼光超厉害的！"

就这样，她的客户一个一个下单，几乎没有人因为价格问题而缩手。这就是价值说到位、价格无所谓的最佳写照！亲爱的伙伴们，你销售的不一定是最好的产品，但可以是最好卖的产品。因为，所谓好不好卖的关键在于：你有没有把产品的价值说到位，说到客户心坎上！

那么，如果今天要销售的不是产品，而是一个观念，甚至是自己呢？

在职场里，你可能不是能力最好的人；在公司里，你的贡献也可能不是最大的。那么，当你在报告工作成果时，如何能不夸张地让自己的表现展现出更高的价值感呢？关键同样在于把自己的优势很巧妙地说到位。

回想一下本文一开始提到的汽车销售女王，她之所以能把价值说到位，就是使用了将产品功能转化为客户利益的"画话"架构，我们可以把它简称为"画"功能为利益。假如推销的不是商品而是个人，这里的产品功能就是个人优势。以下我们再补充几个职场上的例子，希望大家能更好地理解这些技巧的意义与使用方法。

"画话"小学堂 ♡

把产品的价值说到客户心坎上。

应聘工作

一般表达方式：

我的专长是英文，我有信心在工作上可以有很好的发挥；我觉得我的优点是很热心，在路上碰到有人需要帮助的时候，我就会出手帮助他们。

职场 A 咖的说法：

我的专长是英文，我的兴趣是翻译（个人优势），所以，我除了可以胜任公司国际业务的工作需求，还可以帮公司搜集国际竞争对手的消息；帮助团队翻译国际上重要的信息，提升团队的国际观，并且充实更高阶的专业知识（感性描述对方可以获得的利益）。

另外，我从贵公司的官网上发现，贵公司过去几年的表现是行业中的翘楚，而未来两年的目标更是国际化。我想，贵公司一定有很多人是业界高手（适时给对方成就感），但可能存在语言转换上的困难，因此，我刚好可以协助大家，把过去优异的成就用英文表现出来，让世界看到大家的优秀（感性描述对方可以获得的利益）。

负责人事招聘的专员向主管做工作报告
一般表达方式：

过去一年，我们公司总共新聘员工十八名，离职员工四名，全年员工离职率是百分之二十二，对比同业的离职率，这是非常好的表现。而人力的增加也带给公司非常大的贡献。

> **职场 A 咖的说法：**
>
> 过去一年，我们公司总共新聘员工十八名，其中有十三名第一年的考绩就拿到优等，包括业务单位的王大明跟李大同，他们两位的业绩年度排名都挤进前十名！而离职的四名都是绩效考核欠佳的员工（报告亮点）。所以，总结来说，过去一年，离职的都是该走的，新聘的又都是高贡献的人，这是汰弱留强、提升公司竞争力的关键要素（感性描述公司可以获得的利益）。
>
> 根据我的分析，这跟老板您去年启用的精准化人才招聘系统有直接关系。所以，这是值得老板您骄傲的地方，我相信，我们的大老板一定会对您的贡献大加赞赏的（适时给对方成就感）。

总之，不管你要销售的是一个产品、一个观念，还是自己本人，都可以使用"画"功能把价值说到位，提升沟通效果。最后提醒大家，在使用"画"功能时请特别注意以下原则：

沟通时要使用对方听得懂的语言，如果一定要使用专业用语，则应适时补充说明。

必须掌握对方在乎的核心议题，如果无法掌握，则以大多数人会在乎的事为核心议题。

功能或优点往往是理性的，为了兼顾感性的效能，要尽可能用感性诉求来描述对方可以获得什么样的利益。

适时适当地给对方成就感，让效果好上加好。

PART 2
第 二 章

"减"抗力
—— 少点误会，效果 UP UP

很多人都忙着学习一个又一个沟通技巧，却常看不到效果，其实是因为忽略了另外一个破坏因子——对方的抗力。抗力高涨时，再多的努力也会被抵消殆尽。此时，关键在于争取对方的好感来消除或降低抗力。第二章的目的即在于排除沟通障碍，铺好沟通道路，让所有的努力发挥最大的沟通效果。

第二章
"减"抗力——少点误会，效果 UP UP

成功沟通先从降低对方抗力开始

> 努力沟通之外，别忘了侦测一下，是否有三种抗力的存在：对方自发性的抗力，我方制造的抗力，来自第三者的抗力。

当年我在从事保险销售时，曾拜访过一对在足科上班的年轻夫妻。这对夫妻从一开始就展现出对保险的认同，因此我顺利地依照既定计划完整介绍了保险，也在相当程度上了解了他们的需求与期望。我自认为那是一次非常成功的初访。接着，我又拜访了三次，又是提供建议书，又是解释答疑的，这对夫妻也都非常客气地接待我，所以我自信满满地把他们的保单列入当月的业绩预估表中。

只是，一个月、两个月、半年过去了，这份保单始终都在我的业绩预估表中，也始终停在准客户的栏目中，我的经理开始怀疑这是我捏造的故事。经过数次电话跟进，这对夫妻的保单始终没有成交。

我实在忍不住了，直接不约而访，因为我心里已经在呐喊了："不买没关系，但请你们直接告诉我为什么好吗？我当下只想要个答案而已。"

终于，他们因为我的诚意而告诉了我真相："这半年来，我们总共找了六家保险公司比较。老实说，我们最认同的人是你，但我也老实跟你说，其他五个业务员一致认为你们家的产品最不好。"终于真相大白了！当时我听完原因后，不但没有生气或不高兴，心情反而异常平静。当他们还在解释为何始终无法做出决定时，我的内心已经做好了一个大胆的决策。

他们说完之后，我用右手抚了一下额头，故意做了一个思考的动作，接着说："陈先生陈太太，你们辛苦了，花了半年时间，跟那么多业务员谈了那么多次，到现在不但没有找到心中最理想的保险，思绪反而越陷越深、越来越乱。再这样下去……"我还没有说出我的策略，这对夫妻已经露出颇为无助、期待救星的表情。

我继续说道："你们刚刚说最认同我这个人，这句话让我很受激励，非常感谢你们的厚爱！不如这样，既然你们认同我，但不满意我们公司的产品，那咱们就交个朋友，你们不用跟我买保险了，我充当你们的保险顾问。让我来帮你们分析一下其他五家保险公司的产品……"没想到，这对夫妻等不及我把话说完，两人很有默契地同时猛点头，表示非常同意我的提议。

从那一刻开始，情况就有了很大的不同。原本我跟他们是准客户—业务员的关系，彼此相敬如宾、客气相待，当我终于知道他们迟迟不做决定的原因，并且依此使出了"担任顾问，帮忙分析其他保险商品"这个以退为进的大胆策略之后，我们

第二章 "减"抗力——少点误会，效果 UP UP

的关系快速晋升到朋友等级。他们不但给我提供了其他五家同业的提案，还跟我分享了许多朋友间才会聊到的话题。

看到这里，聪明的各位应该已经猜到故事的结局了：在帮他们分析保险商品之后不久，他们终究还是选择了我推荐的保险。这两张保单也奠定了后来我在足科发展保险业务的关键基础。

这个案例给了我很深的感触：六个月的耕耘以及积极进攻都没有结果，反而是在以退为进的策略下找到成交的契机！过去的我总是努力努力再努力，对方也都给予了正面回应，但始终等不到预期的结果，这是为什么呢？

显然，再完美的努力也可能被超大的抗力抵销掉，尤其是看不见的抗力。在这个案例中，我很幸运地找到了它，依此设计出应对之策，最后才有一个完美结局。

抗力在哪里？你发现了吗？

此时，沟通力公式派上用场了：沟通力等于我方的努力减去对方的抗力。我们都知道，努力的方法千百种，当我们自认为非常努力，努力的方法也正确，结果却不如预期时，请务必回头检视抗力的部分。公式告诉我们，抗力如果不消除或下降，结果绝不会是我们所期待的。

我经过长期研究发现，抗力有三种：第一种是对方自发性的抗力，第二种是我方制造的抗力，第三种是来自第三者的抗力。

在竹科销售保险故事中，虽然当时的我没有遇到对方自发性的抗力，我自己也没有制造第二种抗力，但之所以长达半年无成，就是遇到来自第三者的抗力，尤其是看不见的第三者，威力是不容小觑的。

而回头看看我们在一开始分享的"痴情男与耍朋友高手"故事，痴情男历经一个学期的努力仍然无功而返的原因，正是抗力太强，完全抵销了努力的结果。

痴情男遇到的抗力是第一种跟第二种：同校女同学一开始对痴情男的成见太深，就是对方自发性的抗力，这种抗力非常主观，有时无从解释，而且这种抗力快则瞬间消除，慢则可能一辈子都无法消除；另外，当时痴情男猛烈又疯狂的追求方式（每天准时到女生宿舍门前站岗外加强迫式邀约），客观来说是非常粗糙。这种方式在对方自发性的抗力尚未消除之前，反而是在制造抗力。

接下来，我们模拟几种情境分别介绍这三种抗力发生的原因：

"画话"小学堂

抗力在哪里？为什么会产生抗力？

追求异性朋友时

自发性抗力：

对方本性上非常保守，主观上会对任何异性陌生人产生防卫心；或对方已经心有所属；或对方经历过不愉快的经验；再或者，对方主观认定双方条件不登对。

我方的抗力：

初次见面时，我方的仪表不符合对方期望；或使用过于激烈的追求方式；再或者，追求过程中触犯了对方的忌讳。

第三者抗力：

对方家长反对；对方好友有意或无意说了一些不利于我方的话，进而影响了对方的态度；对方可能正专注于某件事而无心谈恋爱；或者受到传统习俗影响，例如，忌讳与相差某个岁数的人结婚等。

与同事沟通、跨部门合作时

自发性抗力：

讨论的议题对对方不利；讨论的议题与对方无多大利

害关系；对方可能过于忙碌，时机不对等。

我方的抗力：

我方过去有些作为不被对方认同；我方邀请的态度或方式有缺失；我方不自觉地表露出强烈主导议题的气焰等。

第三者抗力：

有人居中破坏——此人可能有利害关系或我方曾经得罪此人。

开发新业务时

自发性抗力：

接触时机不对——对方正在忙碌或心情不佳；对方对我方产品确实没需求；对方主观上排斥我方产品或我方公司；对方主观上不喜欢被推销。

我方的抗力：

接触方式引起对方反感；推销过程有瑕疵——没有给对方参与感、一下子给了对方太大压力、异议问题没处理好、过早促成、触犯了对方的忌讳等。

第三者抗力：

本文一开始的保险销售故事中，遇到的竞争者就是属于看不到的第三者；或者，对方阵营中有人居中破坏——此人可能有利害关系或我方曾经得罪过此人。

第二章 "减"抗力——少点误会,效果 UP UP

如何降低或消除三种抗力?

1. 面对对方自发性的抗力,我们该怎么做?

药方是建立关系、争取好感。这是最有效的方法,试想,如果双方关系友好,是不是一切都好说话呢?

那要如何建立关系呢?如何从陌生到熟悉,从不喜欢到喜欢?原则就是:做一些可以让对方产生好感的事。这是一个加号问题,也就是说,只要是不矫情、可以争取好感的事,多做就对了。

那么争取好感的方法有哪些呢?本书中有关赞美、给对方成就感、亲和力、幽默感等都是争取好感、降低沟通抗力的方法。

2. 要如何避免我方制造的抗力?

哪些才是会制造抗力的事?这是一个减号问题,也就是说,尽可能避免说出或做出会制造对方抗力的话或事情。以下提供常见的三大类范例(如表 2-1 所示),希望读者能从中联想出更多答案。同时养成习惯,在重要的谈话、谈判、谈生意之前,能够先自我检视,哪些言论或行为可能会制造抗力,就尽力避免它。

表 2-1 制造抗力的言论和行为

不能有的观念	以你的层级，你懂什么 你的想法总是没有我的好 听我的就对了！你一定会被我说服的
不能做的动作	沟通时习惯性插话或抢话 出现不雅、不耐烦或不友善的肢体动作
不能说的用词	耻笑式用词	当然！这还用说吗 拜托！你连这种道理都不懂呀 这三岁小孩都知道
	命令式用词 （下对上时更要避免）	你必须…… 你最好是…… 你只能……
	吹牛式用词 （尤其是销售时）	全世界最好的××就是这个啦 世界上不会有人反对我这个看法 你再也找不到这么好的东西了

3. 要如何找出或消除第三者制造的抗力？

首先，可以直接问对方。例如，对方始终不愿意接受我方要求时，我们可以直接问对方："这件事是不是影响到了其他人的利益？这件事是不是有特定的人反对？"

其次，可以使用旁敲侧击法。例如，通过友好关系人帮忙打听；如果是生意问题，则可以到市场上去打探消息等。

最后，更进一步强化与对方的关系。本章一开始的保险销售故事，就是使用以退为进的策略，从业务员候选人中"退"出，转个方向"进"而成为顾问朋友的角色。因为双方关系的改变与强化，使得对方愿意敞开心扉提供更多信息，自己也有更多机会争取对方的好感，使对方慢慢站到我们这一方，甚至与我方一同消除第三者制造的抗力。

各位画话高手请记得：成功沟通先从降低对方抗力开始，努力沟通之外，别忘了先侦测是否有这三种抗力的存在！

与人沟通时要懂得给对方成就感

> 成就感有那么重要吗？请在此暂停三秒钟问问自己吧！

我有一位极为要好的朋友，他与第一任妻子结婚不到半年就离婚了。更令人惊讶的是，他与第二任妻子认识不到半年就结婚了。有一天，我实在忍不住好奇心，问他闪离又闪婚的原因。

他闷闷地说："离婚是因为我们俩天天吵架，吵架的主要原因之一是她老怪我不跟她说话。"我一听，煞是震惊，天底下还有不说话的夫妻呀？

他说："其实我不是不愿意跟她说话，实在是因为以前每次我在说话的时候，她老爱挑战我、质疑我、泄我的气、否定我的观点。她的口头禅就是：'哦？是吗？哼！我才不信呢！你知道吗？'跟她说话超级没有成就感的，久而久之，我就不想跟她说话了！"

"哦，我终于明白了！那为何你没多久又来个闪婚呢？你该不会把婚姻当儿戏吧？"我问道。

"什么儿戏呀？打从离婚的那天开始，我就立下了三个很高的 KPI（Key Performance Indicator，关键绩效指标），凡是不

第二章　"减"抗力——少点误会，效果 UP UP

符合 KPI 的女人我绝不追求。"他一本正经地说。

"什么？选对象还要用 KPI？"我惊讶地问。

"是呀！第一次婚姻吓到了嘛！所以，第二次必须谨慎。"

"三个 KPI 是什么？快说！"我已经等不及了。

他说："第一，对方必须在三十分钟内认真听我说话，不能质疑、挑战我；第二，一个小时内必须让我有成就感一次以上；第三，两个小时内必须表达对我的认同两次以上！"

"哇！这这这……有谁能达标啊！那小静（他第二任妻子的名字）符合这三个 KPI 吗？"我忍不住问了。

他接下来的语调突然变得非常开心，笑着说："哈哈！她们的落差实在太大啦！你知道吗？我第一次跟小静说话的时候，她从一开始就一直用专注的眼神看着我；我才说了几句话，她就猛点头称是；我稍微幽默一下，她已经笑得人仰马翻了；第一次约会结束，她竟然把我当神一样崇拜！哈哈哈！三个 KPI 不但达标，而且完全超标啊！你知道吗？"

我朋友越说越起劲："我发现我跟她在一起超级有成就感，半年下来，我变得非常有自信。就这一点，她就值得我赶紧把她娶回家了！"我朋友激动得有些夸张，显然他对这段婚姻非常满意。

听完我朋友的故事，他的每一句话都在我心中激荡良久。的确，与人沟通时，如果老是喜欢挑战别人、耻笑他人，往往人缘不佳，这非常值得大家自我警惕（哪怕是亲如夫妻关系）；相反地，在沟通时懂得给对方成就感的人，往往人缘佳、朋友多，值得我们学习。

用这个道理来检视销售，我们会发现许多销售员喜欢跟客户争辩，或者喜欢装作各个领域的专家，什么都要比客户懂。其实，从我这位朋友的故事中，我们不难发现这个做法大错特错。

真正高明的做法是给客户成就感。更确切地说，在我们的专业领域中，我们是专家，在我们专业领域以外的事，客户是专家。假如沟通的话题在我方领域之外，我们应该改用好奇的语调，通过一点赞美跟一些问句鼓励客户多说话。例如，我们知道客户很喜欢理财，我们就可以问："我相信您一定很有经验，依您看，现在做什么投资好呢？"

有时，客户话瘾一来，就会滔滔不绝地说。这在销售中是个正面的信号，至少表示客户喜欢或接受你，一旦客户满足了个人的成就感，心情愉悦之下就可能做出购买决定啦！

那么，到底如何给对方成就感，以提高沟通的效果呢？以下介绍几种方法供大家参考。

适时、适度地赞美对方

在适当的情况下，与人沟通时应该多说些"你说得真

第二章
"减"抗力——少点误会，效果 UP UP

好""你太幽默了""谢谢你告诉我这么宝贵的信息"等赞美词，绝对有助于沟通。毕竟很少听说有人不喜欢被赞美的。当然，赞美得不恰当也会有反效果。根据研究，任何人听到符合自身期望的赞美时，体内会瞬间分泌多巴胺激素，让人感到兴奋，产生喜悦感与满足感。所以，赞美是给对方成就感最好的"兴奋剂"。不过，赞美其实不简单，绝对需要适时、适当，否则往往会适得其反、前功尽弃，不得不慎。关于赞美技巧，请参考本书"赞美"专章。

用提问点燃对方"话瘾"

根据研究，女人每天平均说话时间总长约一百二十八分钟，男人则为九十六分钟。同样一个研究发现，无论女人男人、话多或话少的人，一定都有一吐为快的瘾。也就是说，每个人总会有滔滔不绝的时候，差别只在于发生频率不同、引爆点不同而已，只要"话瘾"被触动，就会"发作"。而话瘾发作时，体内会快速分泌脑内啡激素，脑内啡有解压的效果，也会让人有痛快感或满足感，就如同运动也会刺激脑内啡分泌一样，让人运动后通体舒畅、压力顿解。所以，与人沟通时可以通过提问来引爆对方的"话瘾"。例如："快快快！赶紧告诉我，你是怎么办到的？""这实在太有趣了！还有呢？还有呢？""教教我怎么理财？"凡是你判断当下可以引爆对方"话瘾"的提问都可以，没有一定的范围。

透过肢体动作或笑声给对方成就感

当对方在说话时，如果你认同对方说话的内容，可以用微笑、点头、专注的眼神、侧身倾听等肢体动作来激励对方；有时还可以加一点"真诚的笑声"给对方成就感。请注意：当对方有幽默表现时，要是你能自然地开怀大笑，将会是刺激对方"话瘾"的另一颗"春药"，给足了对方成就感。不过，自然开怀大笑只能可遇不可求，不能刻意为之。

以上方法，如果你也有同感，就从生活中做起吧！总之，记住这句话：与人沟通时要懂得给对方成就感。一旦做到，假以时日，你一定会成为受欢迎的人。当然，无论沟通或销售，肯定会比以往更加顺利！

原来赞美也可以赚到钱，赢得好心情

> 赞美可能是地表上最厉害又最简单的沟通技巧！
> 而且还让沟通双方都开心——CP值超高！聪明的你一定会懂！

我每天都有吃水果的习惯，越吃就越挑剔水果的种类跟质量。为了确保能吃到最甜、最爱的水果，我一定要亲自采买，而这件事也从"为了掌握质量"演变成一种生活乐趣了。

每次到不同城市出差，我入住饭店后的第一件事就是到附近找水果摊。买水果时，我有三个习惯：

第一，我一定会找到一个漂亮的水果，指着它看着老板说："老板，你这水果怎么这么漂亮啊！一定很好吃吧！"或："老板，你这水果很新鲜！看得出你很重视质量哦！"此时，老板一定会很开心。因为你赞美他的水果就如同赞美他家的小孩一样，没有人会排斥这种赞美的。

第二个习惯就是，我会在挑水果的过程中跟老板聊上几句，并趁机给对方成就感——请老板教我怎么挑水果，虽然我已经堪称水果达人。此时，老板都会很热心地示范给我看。此时，我会再加码赞美他或感谢他。

第三，结账时，只要是价格上有零头，我会在付钱的同时告诉老板不用找了！我会说："三块钱不用找了，这么新鲜的水果多给三块钱，值得！"语气加强再配合赞的手势。我发现，到了这个时候，每个老板都会抬头看我，并且露出惊讶的表情。不难理解，老板惊讶的是："哪有这种客人？""客人不都是希望我把零头去掉不要算吗？""这位客人也太奇特了吧？"

由于我有"买水果三习惯"，神奇的事总是不断发生、屡试不爽——每当我隔天再次光临水果摊时，老板一定会认出我，并且热心地招呼我，此时我的心情也会跟着高兴起来。接下来，老板会主动把今天新进的水果介绍给我，或告诉我哪些好吃、哪些不好吃；有时还会特别拆箱拿出最新鲜的水果给我挑。此刻，我真心感受到了被重视的成就感。到了结账时，老板会主动去掉零头，或者说："这个别人一斤八块，你一斤算七块就好了！"此刻，我真的是赚到钱了！

看吧！原来我只是买水果而已，并且扮演的是"客户"角色，结果由于我的"买水果三习惯"——赞美老板、给成就感、不找零，结果得到扎扎实实的"奖励"——赢得好心情、赚到钱。

所以，赞美真的是超级无敌的沟通武器！它的效果竟然是双向的，就如同"送人玫瑰，手留余香"，除了自己得到好心情以及可能的钱，还可以激励别人、给人好心情、给人成就感、建立好关系、营造良好沟通氛围、有助于获得承诺……

适当的赞美可以融化对方冰冷的心，也可以缓和严肃的沟通氛围。与人沟通时，真心地应用赞美，等于主动释放出你的善意，立刻拉近与对方的距离，为自己赢取更多的好人缘。在职场或销售领域中，巧妙地应用赞美，可以营造轻松的沟通氛围，为自己争取到更多的机会，还能赚到钱！

亲爱的读者，下次买水果时，要不要也试试看？

"画话"小行动 ♡

变身画话高手，就从赞美的基本功开始吧！

有志提升沟通技巧的朋友，建议可以从赞美开始，把它当作沟通的基本功来练习：养成习惯，从身边的家人邻居或同事朋友，甚至早餐店老板开始进行"每日一赞"。体验一下，当你赞美对方时，对方心情有什么变化，而你自己的心情又有什么变化。长期下来，你一定会体验到赞美的威力：与你互动的人不再那么冷淡，得到友善回应的机会变多；而你自己嘴角上扬的时间变多了，心也越来越温暖了。

对身边的亲朋好友

行动一：

对下厨的妈妈或老婆衷心说声："今天的菜都是我

喜欢的，真好吃！"（如果能加上满足的表情与语调会更棒！）

行动二：

对朋友说："嘿，你上次教我的油漆小妙招果然很好用哦！还好有你的建议，不然我不知道要弄多久才能搞定！"

在消费的过程中

每一次消费都应该是愉快的过程，不管你是销售方还是消费者，都可以主动营造这个愉快的过程，如文中作者买水果的方式，让对方开心、有成就感，最后双方都能获益！

行动一：

如果你是消费者："老板，每次来你的店里就觉得很放松，看到这些你从各地带回来的纪念品，听着你精选的音乐，我就会忘记原本烦心的事。"

行动二：

如果你是销售方："哇！陈先生，您真的是内行喔！能问这样的问题表示您在深入研究这个议题，这样您一定更能理解我们产品的优越之处了！让我说明给您听……"

在职场的沟通中

行动一：有求于他人时，先赞美再提请求

小李，上次跟你一起去拜访客户真的让我受益很多，你这位 top sales 果然名不虚传！对了，我现在手上有个准客户一直搞不定，能不能花三分钟跟你聊一下，请你给我一点建议。

行动二：建立关系的赞美

Amy，你今天穿的这身衣服好有春天的味道，再配上白色手提包，真的很出色！你搭配的眼光真好！

"小宝,你好棒哦!"请问这句话错在哪里?

赞美不是你想象的那么简单!如何"赞"到对方心坎里?善用"赞美因子"就对了。

有人说:"赞美很简单呀!""我都会呀!还用学习吗?"有人认为:"赞美哪需要什么方法或技巧呀!"

我们先把这个问题放一边,现在,邀请各位玩一个游戏:请找一位同伴跟你一起玩。首先,请用一本书遮住某一只手,然后慢慢地露出任意一根手指的一节,请注意,只能露出一节,接着请对方猜猜看那是哪一根手指?请多玩几次,并请计算一下对方猜对与猜错的比率是多少。猜过几轮之后,两人角色互换一下,换你也来猜猜看!

我在课堂上经常带着学生玩这个游戏,每次玩之前,我一定会问大家觉得这个游戏简单不简单?也就是大家主观认为猜对的概率大,还是小?你认为呢?

玩游戏之前,大家都认为"这个很简单呀!"结果,开始玩的时候,竟然惊叹声此起彼落。也就是说,大家非常惊讶"为什么这么难猜对?"原来认为很简单的事,结果反差那么大。

第二章
"减"抗力——少点误会，效果 UP UP

赞美简单还是不简单

在课堂上，我会问学生另外一个问题："每天对小孩说'小宝，你好棒哦！'好？还是不好？对？还是不对？"

结果，所有的学生都说："每天赞美小孩当然很好呀！"

我继续问："为什么？"

大家异口同声地说："从小就可以给孩子信心，这是一件很好的事！"

那么，请看看美国一所大学发表的一份长达十多年的研究报告，就知道真正的答案了。

这个研究把一群小朋友分成两个对照组。第一组的老师跟家长每天都要赞美该组小朋友。赞美的话规定如下："你很棒！""你真行！""我相信你一定可以的。""我对你有信心。"等等。

而第二组的老师跟家长同样也要每天赞美小朋友。不同的是，这一组的老师跟家长被要求在赞美小朋友时，必须有一个赞美的原因或标的，也就是必须要有"赞美因子"。例如："汤姆，你已经会自己穿衣服了，你很棒！""你刚刚把故事书放回原来的地方，这是很棒的习惯！""你这几天都很自动自发做功课，越来越懂事了喔！"等等。

经过十多年的追踪发现，两组小朋友虽然从小都在赞美声中长大，但第一组小朋友的学业成绩明显不如第二组。原因在于：第一组小朋友因为长期被灌输"毫无原因的很棒"信号，久而久之会自认很棒而过度自信，甚至逐渐懒惰，而导致学业成绩不佳。

相反地，第二组小朋友在每次获得赞美之前，都会被明确告知为什么棒，自然而然，当他们期待被赞美时，都会想到必须先付出，或先要有好的表现。相对于第一组，第二组小朋友更加努力、勤奋，长大后的整体表现也优于第一组。

"赞"到心坎里的关键词：赞美因子

该研究又发现，赞美要是有因子，效果通常会有：

第一，被赞美的人无形中建立了"要怎么收获，先那么栽"的观念，勤奋度被激发了。

第二，没有赞美因子的激励效果会递减，而每次都有不同赞美因子的赞美，激励效果往往可以维持在高水平。

第三，有赞美因子的赞美，被赞美的人可以感受到赞美者的诚心，效果更佳。

第四，赞美者习惯用赞美因子，可以养成赞美者的敏锐观察力，更能激发自己用心对待别人。

从以上这些效果不难发现，一个小小的赞美因子，让赞

第二章
"减"抗力——少点误会，效果 UP UP

美者与被赞美者双方皆受益。正所谓"赞美有因子，效果一篮子"。

过去我自己从事销售工作时，在整个沟通过程中都会努力找寻任何可用的赞美因子。根据个人的观察，不管对方贵为老板、主管还是一般职员，还是在家相夫教子的家庭主妇，都需要别人的赞美或肯定。一旦赞美产生效果，对方就会对我方产生好感、降低抗力，为有效的沟通增添几分力量。

让赞美发酵

接着，我们进一步研究如何让自己开始习惯应用赞美因子：

首先，把赞美因子当作所有赞美的基础或核心。（请继续阅读下一节的七种赞美方式。）

其次，养成习惯。在赞美别人之前，先搜寻一下赞美因子。

最后，反向练习。随时检视一下，在自己的身上或言行中，有哪些值得别人称许的地方？

这种练习可以训练自己寻找赞美因子的敏锐度，也可以作为一日三省的习惯，可说一举两得。

赞美因子就像酵母一样，可以让一团面粉变成美味可口的面包、蛋糕、饼干；或者让葡萄变身为香醇美酒。想让你的赞美"发酵"、变得更"有效"，别忘了加点赞美因子。

"画话"小行动 ♡

"赞美有因子，效果一篮子！"想让你的赞美更有效吗？快来加点赞美因子吧！

在生活上赞美别人"你很漂亮！"
▽"你清秀的脸庞配上这淡妆，真是美丽又高雅呀！"
▽换你来发挥：

在销售时赞美客户"您真是一位成功人士！"
▽"王先生，从您理财的思维跟做法来看，我可以确定您是一位理财高手！"
▽"听您这么分析，我发现您对投资有很独到的见解！"
▽"您碰到金融海啸还能赚到钱，真的很不容易呀！"
▽换你来发挥：

激励团队"我们是最优秀的，一定可以打败甲团队！"
▽"上周我们新客户的开发量是甲团队的两倍，所以，我相信本周我们的业绩一定可以超越甲团队！"
▽换你来发挥：

鼓励下属"我相信你一定可以继续夺冠的！"

第二章
"减"抗力——少点误会,效果 UP UP

▽ "王大勇!短暂的成功不算成功,你已经连续六个月夺冠了,你是真材实料!再连续三个月冠军,你就会习惯成功啦!加油!"

▽ 换你来发挥:

小心！读完这篇你就对"它"上瘾了！

> 警告！赞美会带给他人强烈的成就感，带给自己高度的满足感。
>
> 效果惊人，小心上瘾！

假如对象对了、情境对了，请问哪一位女性抵挡得了这种赞美的力量呢？

所以，赞美的技巧非常值得我们研究与学习。

在巴黎的浪漫夜空下，街角的露天咖啡座，一个年轻男子含情脉脉地凝视着女朋友美丽的双眸。在男子充满爱意的眼神里，女子羞红了双颊，不禁慢慢低下头来。这时，年轻男子突然冒出一句："宝贝！你……你爸爸是不是小偷？"

在如此浪漫的气氛下，听到这般突兀的问话，女子诧异地抬起头："不是啊！我爸爸……你知道的，他是警察啊！你怎么说他是小偷呢？"

年轻男子一脸正经地说："那就奇怪了，如果你爸爸不是小偷，为什么能够跑到夜空里，偷偷摘了两颗璀璨的星星，放到你的眼睛里，射出两道光芒，把我的魂、把我的魄都吸走了呢？"

第二章
"减"抗力——少点误会，效果 UP UP

相信这世界上没有人不喜欢被赞美，这也是影响力专家们最推崇的沟通技巧之一。在日常沟通中，有效的赞美可以增加对方的好感与成就感，缓和沟通氛围，让对方更愿意听你的。在销售上，适时适度的赞美更可以舒缓销售气氛。卡内基曾经说过："作为一位销售员，当你要客户心甘情愿地从口袋里掏钱出来时，除了要清楚解说商品对客户有什么好处，还必须发自内心地赞美对方，并且要像摇铃铛般摇得叮当响！"

我们也发现，许多人总认为赞美很简单。事实上，赞美并不简单，它非常讲究技巧。无的放矢的赞美、不恰当或是过于浮夸的赞美，反而会制造负面效果。所以，我们必须学习、练习如何让赞美更有效。

七个既好用又有效的赞美方式

1. 比喻式赞美

比喻式赞美非常好用，往往会产生幽默感，营造更好的沟通氛围，所以强力推荐本技巧。例如，我们赞美一个人的歌声："你的歌声有如黄莺出谷般的优美，听完之后余音绕梁三日，久久不去！""你就像是诸葛孔明再世，神机妙算、料事如神呀！"

2. 推论式赞美

所谓推论式赞美，是指根据对方的行为或言语推论出来的赞美。例如："你的声音真悦耳，想必很多朋友都跟你说过很喜欢你的声音吧？""你说话的时候总是那么愉悦，你一定是个乐观又自信的人吧？""你会这么做，肯定是很有责任心的人！"

请特别注意，推论式赞美仍然要有赞美因子，而且推论必须尽量客观，接近事实。举一个反面例子，我曾经听到一位电话营销员对一位自称没钱的客户说："怎么会没钱呢？我光听您的声音就觉得您很有钱。"这种推论式赞美太过主观，而且很难印证事实，除非是玩笑话，否则不会产生任何赞美效果。

3. 惊讶式赞美

惊讶式赞美往往发生在对方有奇特或超乎一般预期的表现时，我们出自真心的惊叹。例如，对方说了一段精彩的故事或完成了一项艰巨的任务，我方惊讶地说："哇！真的假的？您真是太聪明啦！""天哪！你实在太优秀啦！了不起，了不起！"

根据经验，这种赞美效果非常棒，因为这是对方的真实表现，在心理上本来就期待能够获得听者的赞美。

相反地，如果在这种情况下，我方不懂得赞美，或让对方觉得你的赞美缺乏诚意或力道，就会产生无法预期的负面效应。遇到这种情况还是挺尴尬的，你及时应用惊讶式赞美，会让对方很受激励，没有适时适度的赞美反而让对方很受伤。

4. 比较式赞美

比较式赞美是指用某个名人或社会普遍认可的专业人士当作比较者，进而称赞对方。例如："你的这种投资眼光恐怕连巴菲特都会自叹不如！""你这洪亮的歌声完全不输给专业的歌手！"

这个方式主要是借助"被比较者"的成功形象来突显对方的表现很优秀。这种赞美是否能产生效果，关键在于我们举出来的"被比较者"是不是对方认同或喜欢的人。所以，最大的风险就是如果这个"被比较者"刚好是对方的宿敌或讨厌的人，效果当然就会瞬间化为乌有。因此，比较安全的做法是使用不指名道姓的专业人士，例如理财专家、专业歌手、大学教授等称谓。

5. 黑色式赞美

所谓黑色式赞美是指赞美者使用极端黑色的用词，例如"死""鬼""杀"等来赞美对方或表示自己佩服的程度。例如："哈哈哈——简直笑死我了！""我的妈呀！你简直迷死人了！""天哪！杀了我吧！你怎么这么可爱呀！""嘿！见鬼啦！哪有这么漂亮的东西？"

请注意，应用本方式时，惊讶式的开头语跟高亢的语调非常关键，例如："天哪！""Oh！ My God！"

当然，这种方式也有一个风险：如果用过头了或夸张程度不被对方认同，将会失去赞美的效果。例如：双方没说两句话，你就突然蹦出一句："今天能跟您谈上这席话，我死而无憾了！"

6. 数字化赞美

数字化赞美应该不难理解，例如："您的聪明才智至少在我十倍之上！""像您这种技术，肯定领先同业十年以上！""您一个人的业绩可以抵五六个人！"只要你用的数字不过度夸张，这种方式会是最稳当的赞美，不妨多应用。

7. 夸张又华丽的赞美

这种赞美是应用一些夸张的比喻，加上华丽的形容词，来达到赞美的目的。例如前面的巴黎浪漫故事。男子先故弄玄虚提出疑问，然后营造惊奇的气氛，最后使用华丽的词句赞美女子，可以说是"夸张又华丽赞美"的代表。

不过，这个方式比较适用于男女谈情说爱的场合。如果要用在正式场合里，难度颇高，必须同时配合许多条件，例如，双方的关系不能太生疏，对方还需要一点幽默感，加上当时的气氛要对味，等等。假如前述条件都具备了，在与客户沟通融洽时可以这样赞美："您该不会是名侦探柯南吧？要不然怎么会有这种神力,把我们公司的产品了解得这么透彻,好像这产品是您发明的似的!"

特别声明:这招是一刀两刃。如同前面提到的:过于浮夸的赞美,反而会制造负面效果。这种赞美在使用上限制较多,属于高难度赞美技巧,请不要误用。

赞美的适时适当原则

以上介绍的是我们常用的七种赞美方式,为了发挥更好的,或应有的赞美效果,请一定要掌握适时适当的原则:

避免一开始或在对方没有任何表现之前就赞美对方。

一般而言,与人沟通的氛围不错时再适当赞美对方,效果更佳。

赞美时,应该注意语调的变化,让对方感受到你的诚意,避免过于矫情或生硬,否则把赞美变成讽刺或挖苦,就得不偿失了。

赞美后,如果对方的反应极为冷淡,建议减少、改进或停止赞美。

当对方主动赞美我方时,有可能表示对方是容易接受,甚至是期待他人赞美的人,我们即可大胆或多加应用赞美来提升沟通氛围。

如果是电话销售时要特别注意,跟陌生客户沟通的第一个电话中,除非你有绝对把握,否则一个电话里应该避免超过三个赞美,免得让客户觉得太虚假。

总之,只要赞美得宜,气氛变好,就有助于提高沟通效率。另外,如果适时适当地成功应用在销售上,则有助于提升销售的成功率。

"画话"小行动 ♡

愉快的沟通、美好的交流,就从赞美开始吧!

不用怀疑,新时代的沟通新显学就是赞美学!当你开始运用时,就能体会到它的威力!

文中介绍的七种赞美方法可以分开运用,也可以组合使用。在姚老师的课堂上,常有学员一次串起七种方式来称赞别人,效果非常好哦!现在就快来试试看吧!

七种赞美方式你可以怎么运用?

比喻式赞美	
推论式赞美	
惊讶式赞美	
比较式赞美	
黑色式赞美	
数字化赞美	
夸张又华丽的赞美	

用 1% 的力量听到全世界

> 想让全世界都听你的吗？
> 请先学习用 1% 的力量听到全世界吧！

根据科学家的研究，黑猩猩跟人类的 DNA 只有几乎 1% 的差异。但是，人类已经上太空了，黑猩猩还在地上爬，为什么？

其实，这 1% 的差异看似没什么，但是，当 1% 乘上时间、乘上频率之后，它的差别就是惊人的。

同理可证：在沟通时，假设对方在说话，我方在倾听，时间持续一分钟。那么从时间、动作、体力的比例来说，说者使用的时间、动作、体力大约占 99%，听者约占 1%。换言之，沟通时，说者是主角，要做的"事"多很多；听者是配角，要做的"事"少很多。"倾听"在沟通中的"分量"虽然如同黑猩猩的 DNA 跟人类几乎只差 1%，但是这 1% 的影响力之大，会随着时间与频率的累积而逐渐放大。所以，倾听对于沟通力的影响不可小觑。做好是应该的，做不好则会大大扣分。

接着，我们来看一个场景：

一家餐厅里，餐桌旁围坐了五位应该是同事关系的年轻男女，其中只有一个人在负责点餐，其他四个人默契十足，动作一致地左手拿手机、右手上下不停地滑动屏幕。

负责点餐的人时不时抬头问大家:"我们来一份XX好不好?"

四个人默契十足地保持沉默,完全没人搭理他。

负责点餐的人在连碰两三次"软钉子"之后,识相地自行决定了所有餐点。餐点陆续上桌,终于有人放下手机开始吃饭了,终于有人开口说话了。不过,用餐期间,仍然有人边吃边滑手机,至于当时大家彼此说了些什么话,应该没有人记得,也没有人在乎。

以上这一幕你是否很熟悉?假如聚餐是促进沟通的一种重要方式,那么,以上这些当事人是不是因为没做好倾听而错失了一次沟通的机会?或许有人认为:有那么严重吗?不就是一次聚餐吗?但,如果这已经是大家的共同习惯了呢?

相信大家都同意,倾听是友善的行为表现,也是促进沟通的重要关键因素之一,如同本文一开始提到的,就是那小小的1%的威力。可惜,现代人由于受到手机影响甚巨,越来越多的人在与人沟通时不停地滑动手机。每当我们在倾听时,也就是对方正在表达想法的时候,我们潜意识里总是认为,我方的"任务"只有1%。因此,我们会一边滑手机一边说:"你继续说,我在听。"是吗?如果角色互换呢?你会相信对方在认真听吗?你的情绪会完全不受到影响吗?

所以,从现在开始,我们是否可以告诉自己:与人沟通

第二章
"减"抗力——少点误会,效果 UP UP

时,不要滑手机,要认真倾听!事实上,做好倾听可能比做好提问更重要。如果对方主动性够强,分析与表达能力俱佳,那么你只要做好倾听这个动作,就可以有效收集对方信息;如果你又能精准解读信息,那么就可以轻松读懂对方——读懂人性,一切都好"说"!

本篇内容的文字只占全书的1%而已,然而,它是其他99%内容能否发挥效果的关键!请记住,任何人都有被尊重的需求或渴望,一旦不被尊重,就可能产生不悦、愤怒甚至是自卑的情绪。如果这种现象持续一段时间,那"1%的威力"就可能大到让对方产生厌恶。人一旦生气或产生厌恶感,就会开始出现非理性的态度,逐渐关闭沟通之门,这对沟通来说可是一大阻碍!当"抗力"高到如此程度时,"努力"还会有用吗?

在"让全世界都听你的"之前,请用心倾听全世界吧。

"画话"小行动 ♡

姚老师的倾听五部曲。

倾听是一门重要的艺术,做得好的话,将能大大提高沟通效率,马上就来试试以下的倾听五部曲吧!

第一步 我尊重你:首先,请把手机放到旁边,给对方一段"完全专注在对方身上"的时间。

第二步　我在听：直视对方眼睛，眼神不要乱飘，并且对对方说的话适度回应。微笑、点头、手势都是很好的辅助做法。另外，在倾听过程中可以适度地说"是！""嗯！""了解！"等，让对方知道你在听。尤其在电话中，倾听方切记不要从头到尾沉默，这样对方完全不知道你到底还在不在。

第三步　我懂你：倾听过程中要表达理解与同理心，可以适度赞美对方；切记不要插话或嘲弄对方。

第四步　我对你的话有兴趣：在过程中可以用简短的问句适时引导主题或方向，鼓励对方说更多，或者引导对方换个角度思考。

第五步　我在认真听：在最后可以总结对方说的内容，确认对方想要表达的重点或者问题所在，让对方知道你不但在听，而且是认真听。如果总结得不错，就可以大大提升对方对你的评价！

第二章
"减"抗力——少点误会，效果 UP UP

你是会跟狗说笑话的人吗？

请问你会怎样解读不苟言笑这个词？

我的解读是：不跟狗说笑话。

你怎么看待我的答案呢？

请大家试着回答以下这个问题：如果要找一个共度一生的对象，你会找什么条件的人？高富帅？白富美？还是其他？

我选择的是风靡一时的美国电视剧《欲望都市》中，男主角大先生（MR. Big）回答女主角凯莉（Carrie）的答案："我想共度一生的伴侣，是一个会逗我开心的人。"

好好沉思、品味一下这个答案吧！我越想越觉得这个答案太棒了。

这个答案背后有这样的哲理：

如果你选择的是"高富帅"或"白富美"，或其他条件的人为终身伴侣，但是，你们并不快乐，那"高富帅"又如何？

如果你一生的伴侣总是会逗你开心，你还会在乎他的其他条件好不好吗？

"逗人开心"跟本书前面提到的"赞美别人"同样都具备双向效应，也就是说，当你逗乐了别人，不但自己快乐，同时也获得了成就感与满足感。

"逗人开心"自然也是"给人快乐",而快乐是一切的根源!我始终认为,人的一生勤奋努力,不外乎是为了过"好生活"。"好生活"的终极定义就是"快乐"两个字。

如果你也认同我的观点,那么,送人最好的礼物就是"带给别人快乐"。以此推论,与人沟通时除了要给人成就感,给人快乐也是争取好感,进而降低或消除对方抗力的另一帖良方。

征服于无形的幽默感

心理学分析发现,具备幽默感的人,必然是能够逗人开心、给人快乐的人。至此,我们就可以获得一个结论:幽默感在沟通上可以扮演争取好感、降低抗力的关键角色。

幽默大师林语堂曾说:"幽默是人类心灵舒展的花朵。"幽默,能为人际沟通注入更多的趣味与活力。这句话简洁又生动地描绘出幽默在人际中扮演的重要角色。尤其在这个日渐"郁闷"的现代社会,幽默所带来的欢乐价值愈来愈珍贵,具有高度幽默感的沟通者必将更受欢迎!

幽默感在沟通领域中的确具有很大的杀伤力。它可以缓解对立,解除警戒心,在无形中俘获对方的"芳心";不但可以为亲和力加持,更能提升个人影响力。

有人难免疑惑,为什么幽默感可以提升个人影响力?事实上，幽默感本身并不具有影响力，而是通过间接的力量，就像是在铺路造桥一样，让车子可以走得更顺畅、更快速。比如说，在商场上，有幽默感的人每每可以在谈判中让客户会心一笑或哈哈大笑，不知不觉中解除心防。客户在高兴之余，说不定也会不忍砍价，甚至买得更多。

在职场中，常见到有人因为幽默感讨得老板欢心，此时只要再加上一些专业与努力，往往可以获得比别人更多的晋升机会。在年度预算会议中，也有人能以如珠妙语报告枯燥的目标与数字，使得老板"龙颜大悦"，进而获得比别人更多的资源。

幽默感是可以培养的

有人可能会问：幽默感不是天生的吗？可以培养吗？应该很难吧？其实，用对方法就简单，用错方法就困难。

培养自己的幽默感，你必须由衷认定幽默感对你的正面意义，敞开心扉开始让幽默的细胞进入你的身体。

以我自己的经验来说，我小时候非常内向、害羞、沉默寡言，朋友也很少。但是，我并不喜欢自己的个性，也认为这种人际关系必须突破。于是我开始刻意改变，想办法主动与人接触。此外，也开始要求自己必须幽默一些，试图透过这项特质来吸引别人注意，争取好人缘。

我决定从学讲笑话开始，在公开场合刻意说笑话，借此慢慢提升自己的反应能力，进而培养出自然的幽默感。担任职业讲师之后，我特别将轻松幽默的授课风格当作我的目标，在上课的各环节精心刻意安插笑话。经过多年的练习，现在的我已经不需要硬插笑话了。我可以在现场就地取材做出临场的幽默回应，笑话也总是能信手拈来，让学员在轻松的氛围中对课程内容有更好的吸收与学习！

将幽默感化于无形

将幽默感化于无形，这是我自己培养幽默感的亲身经验。我的原则是：先学习说笑话，再培养幽默感。以下是我自己实证有效的做法与步骤，这些做法主要用于培养个人的幽默细胞，锻炼幽默的能力。之后，你可以开始在平常时间展现出你的幽默反应。也就是说，你要开始提升幽默层次，即你的幽默已经不是来自刻意讲出来的笑话了，而是来自不经意的精彩对话。

此外，还可以再加入本书介绍的具象化描绘、比拟描绘、故事的魔力等画话技巧，同时配合丰富的肢体语言、生动的声音表情，这是提升幽默段数的必要做法。

一旦成效显著，你一定会发现，你的幽默感不是来自刻意安排的笑话，而是来自当下对于相关话题的机智与风趣的反应。然后,你就会发现人际关系改善了,开始有人称赞你的幽默感了。到了这个时候,你的幽默感就能帮助你提升好感度,进而为沟通力大大地加分。

恭喜你!从此以后,你就不再是那个"不跟狗说笑话"的人了!

培养幽默感,从学习说笑话开始

1. 打开心胸认同幽默感的重要性

先打开心胸接纳、肯定开心的人、事、物,幽默感才会降临到你身上。

对于原来不具备幽默感的人来说,打开心胸认同幽默感的重要性,本身就是一大突破。有时,可能就是卡在这一关出不了心门。所以,这是第一个必须克服的关卡。

2. 养成"欢喜接纳别人说笑话"的习惯

有一种情况大家应该不陌生:在一个聊天的场合里,有人说了一段笑话后,多数人都开怀大笑了,却总有人不大领情。假设"不大领情"是这个人的一贯反应,我们可以大胆判断他是缺乏幽默感的人。所以,如果你有心想培养幽默感,请记得养成习惯,当别人说笑话的时候,应该要"欢喜接纳",更不要吝于回报对方一个笑声或赞美,此举也等于是"给对方成就感"。

3. 刻意搜集、分类、记忆各类笑话

无论通过报纸、杂志还是电视,凡是笑话、莞尔集或笑谈,都从欣赏的角度阅读。特别喜欢的笑话,请连看三遍以上,并且想象笑话里的情境。

接着把搜集到的各式各样的笑话分门别类并且记忆下来,如可以分为政治的、有色的、有味的、恐怖的、动物的、小明的系列等,最后刻意背诵这些笑话。

4. 尝试针对当时气氛、话题内容讲笑话

只要认为情境许可,即可针对当下气氛、成员属性、相关话题,选择适当的笑话,勇敢地跟朋友们分享。如此持续进行之后,你将会从生涩、出糗,逐渐展现出熟练、生动,甚至引发热烈回响,被封为开心果。之后大家聚会时,如果你开始被点名要求讲笑话,就表示你的改变成功了!

5. 讲完笑话后自我检讨、改善

每次在不同场合讲完笑话之后,都应该自我检讨,针对影响效果好坏的关键因素做出改善。如果你觉得这次的效果很差,可以检讨以下关键因素:当时气氛对吗?成员属性适合

吗？说笑话的环境适合吗？我的表达技巧可以吗？可能的话，讲笑话前还可以要求听众遵守听笑话三原则：一是不能说"那个我听过了"，二是"不能插嘴、破哏"，三是"不好笑也要笑"。其实，要求听众遵守听笑话三原则，本身也是一种幽默的表现。

为什么咖啡店都喜欢播小野丽莎的 *Bossa Nova*？

> 不要怀疑，环境也会说话，而且是说着你听不到但影响很大的话！环境语言是沟通的药引。吃药前要先吃药引，沟通前要先选好环境语言。

相信大家都有去过咖啡店的经验，不知道有没有发现，很多咖啡店都会播放小野丽莎的 *Bossa Nova*？一种融合巴西桑巴舞曲和美国酷派爵士的新派爵士音乐，是各家咖啡店不约而同，还是已经约定成俗了？

我的答案是，开店的人都知道客人对咖啡店的要求——氛围是王。的确所有老板都不约而同，认为 *Bossa Nova* 曲风轻快舒适、旋律简单，能呈现出非常浪漫的情调和慵懒的感觉。所以，*Bossa Nova* 配咖啡的氛围最适合"休闲配八卦""舒心配工作"或"建立关系配商谈公事"。

其实，这里的氛围不仅是指音乐、咖啡，还包括装潢、摆饰、不约而同的客人、服务的理念，有时还需要对的时间。我们给这些取一个新名词：环境语言。环境语言就是我们所处的环境带给我们的感受，包括舒适、轻松、拘谨、肃静、害怕、不安等。我们将这些由环境散发出来的氛围统称为环境语言。

在沟通过程中，有时我们会觉得说话的氛围不对，这种情形往往是发生在一些正式或严肃的话题时。也就是说，话题越正式、严肃、重要，越要讲究说话的氛围，讲究说话的氛围就必须讲究环境语言。

不同环境所传递的环境语言

不同的环境会传递出不同的环境语言。

比方说，当我们来到肃静的教堂、寺庙，不知不觉中就会谨言慎行、放低声音，人性慈善的一面就会油然而生。这是因为教堂与寺庙的环境语言告诉我们：这里是庄严的地方，必须肃静庄重。

其他如图书馆、医院、五星级大饭店的环境语言也都会告诉我们必须轻声说，行为要中规中矩。因为公共场合会有群众的制约力量，在这里必须彼此尊重，不能为所欲为。

又如，我们在高级餐厅用餐，绝不能接受跟陌生人拼桌同坐；但在一般自助餐厅或路边摊吃饭无所谓。这是因为高级餐厅的环境语言告诉我们：高级餐厅是你花大钱享受的地方，所以怎么能跟陌生人拼桌吃饭呢？而一般自助餐厅或路边摊的环境语言则是告诉我们：这里纯粹只是吃饭，没有排场、不管气氛，所以便宜，可以接受跟陌生人拼桌。

再例如，我们平时不可能跟陌生人紧靠在一起，却可以在公交车上紧邻陌生人打盹。这是因为公交车的环境语言告诉我们：这是一个便宜、方便、迅速，且不讲究享受或隐私的地方，所以你必须跟陌生人并坐、推挤，即使要睡觉也无权要求别人回避。

同样地，同一件衣服，你在路边摊跟在百货公司看到，心理上预期的价值或价格肯定是相差十万八千里；在自助餐厅吃饭与在高级餐厅吃饭，所要求的服务质量一定也不一样。这些都是因为环境语言的影响：不同环境所传递的不同语言会使人的心理感受、认知、期望、言行举止或专注力产生种种微妙的变化。

影响环境语言的两个物理因素：隐秘性与空间

隐秘性与空间可以说是影响环境语言的两大物理因素。我们以此两因素为轴，绘出四个象限，就可以看出其环境语言的大不同（如图 2-1 所示）：

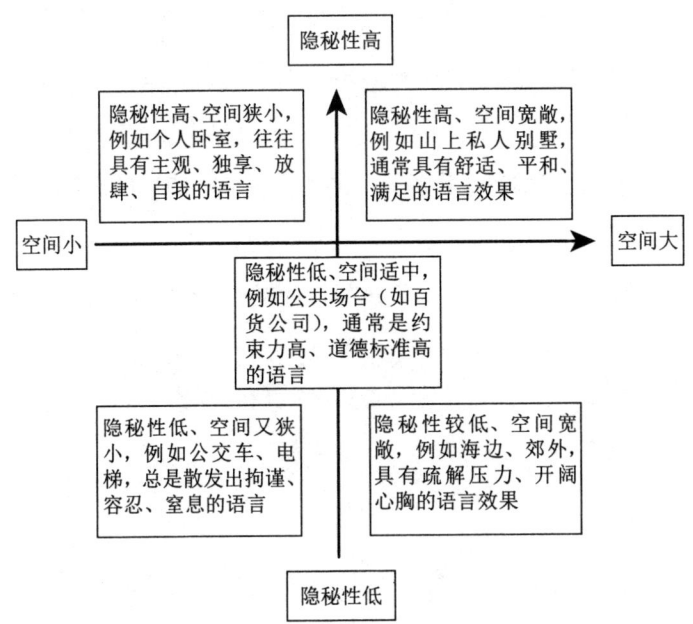

图 2-1 隐秘性 vs 空间的环境语言象限图

有时环境语言会发生局部或暂时性变化

环境语言会受到时间、成员、人数、灯光、双方情绪、音量、音乐、装潢、气候等因素的影响,产生暂时性或局部的改变。

例如,学校操场的原始环境语言是健康的、阳光的、活力、轻松的,但在时间的改变下,晚上的操场就变成黑暗的、空荡的、令人恐惧的；举办运动会时，因为"组成分子"改变，所以又短暂性地变成热闹的、嘈杂的、兴奋的、激励的、荣誉的。

我们再以高级餐厅为例。基本上，这种场地的原始环境语言应该多是高级的、讲究礼仪的。但也会受到装潢与特殊色调、灯光、音乐的影响，产生局部的语言变化，可能会多一些典雅、浪漫等。

这些环境语言的变化，或多或少都在默默地对沟通效果造成正面或负面的影响。

沟通双方对当下环境的熟悉程度，会影响双方沟通的公平性

基本上，一个人对于当下环境越是熟悉，就越有安全感，胆子会变大、越有信心掌控局面。

球赛中经常被提起的主场优势，就是最特别且明显的例子。

另外，谈判学也教我们，在进行谈判时，假如情况允许，一定要选择你熟悉但对方陌生的地方。假如你是业务员，把准客户约到公司面谈比你去拜访他有利许多；如果是同事间谈判，把对方约到你的办公室，要比你去他的办公室有利。

每个人对环境语言的反应与敏感度各有差异

比如说,站上舞台或面对摄影机时,有的人会手足无措,有的人却可以泰然自若,甚至变得更加活跃。同时,每一个人对环境语言的敏感度也会不同。例如,在公共场合,有的人很容易变得收敛、拘谨、重视礼节,有的人却不把别人的感受放在心上,大声喧哗。

大家应该可以看出,在这些五花八门的环境语言当中,有些并不适合进行目的性强的沟通,有些则是沟通的超级"药引"(药引是指用来诱发药性,让药物发挥最大功效的东西。例如,吃钙片补充钙质必须搭配维生素、晒太阳,效果才会好,那么,维生素 D 跟太阳就是钙片的药引)。

例如,在寺庙的环境语言下劝人为善,在高尔夫球场经营关系,在宁静的度假村开会,等等。同样地,如果在使用画话技巧的时候,能够巧妙借助或创造恰当的环境语言,将会使你的沟通效果倍增,达到事半功倍之效!

最极端的环境语言——轿车内

大家应该会同意这个说法:不管在世界上任何一个地方,许多都市人一上私家轿车,开上马路,原本文质彬彬、气质高雅的人,都会不由自主地上火——开车脾气变得很差。

驾驶人心中都会这样想:"此路是我开,此车是我买;老爷要出巡,全民皆让开!"这是因为汽车的"环境语言"暂时改变了驾驶人的情绪与价值观。

深入研究原因发现,这是爱因斯坦的相对论在发酵。爱因斯坦曾这样解释他的相对论:"同样一小时,如果旁边坐的是美女,这一小时就像一分钟转眼就过去了;但对于坐在火炉上的人来说,这一小时就像是一年。"也就是说,如果我们在做某件事的当下,被迫必须专注在时间上,心理时钟就如同改以太空时间计时一样(地球二十四小时等于外太空一点五小时),觉得时间过得特别慢。

例如,我们平时上班是以小时计,等公交车或等人是以分计,但等电梯或红绿灯就会以秒计。凡是以分以秒计的事情,人就容易不耐烦,失去理性判断。而开车上路最特别,有时以时计——从甲地到乙地,有时又是以秒计——等红绿灯或塞车,毫无规律的交错出现,许多人无法适应这种紊乱的冲击,因此脾气变得异常暴躁。

轿车内的环境语言多变而诡异,一旦在沟通过程中出现上述状况,千万记得要先停止沟通,等到环境语言有明显改善之后再说。

什么时候向老板要求加薪最有可能成功？

> 沟通目的越强，就越要懂得善用环境语言来帮你说话！

《苹果日报》曾报道过，橡木桶董事长陈春安的兴趣是弹手风琴，心血来潮时会在公司弹上几曲。而员工都知道，只要董事长办公室传来阵阵悦耳的琴声，就知道今天老板的心情不错，想要加薪、争取预算就要抓紧。

上述员工就是充分应用环境语言的"药引"功能。在沟通中，尤其越是目的性强的沟通，越要懂得善用环境语言来帮你说话。在各种不同的重要沟通中，你可以思考如何善用环境语言：

想跟老板讨论公事，或要说服老板时

请思考一下：该找老板心情特别好的时候？还是利用下班前老板心情放松时？沟通地点是老板办公室还是员工休息室？或在赴宴路上的老板轿车里？

要跟同事沟通公事时

请思考一下：该选择午茶时间还是员工休息室？如果是更重要且需要更长时间讨论的事，应否找一个清静的环境，例如外面的餐厅包厢?

在家里,亲子沟通出现障碍时

请思考一下:是否可以考虑把场地转移到郊外、公园?如果要讨论更重要的议题,是否可以规划一个郊游踏青活动,利用郊外空旷、令人心胸大开的环境语言,增加沟通的效果?

应用环境语言,让沟通事半功倍

我们可以利用身边既存的客观环境来帮我们发声。例如以下两种应用方式:

1.处境不同,而产生角色、态度、言行举止的不同

每个人每天都会因为身处公司、家庭与外面第三地,而产生角色、态度、言行举止的不同变化。例如,在公司你跟某人是同事,你跟他讨论公事时,基于对方的角色,他可能必须做某些程度的坚持;或者说一些不利于你的话;又或者有些话不方便说。

但是,他的态度很可能在下班后发生微妙的变化。因此,下次如果你在公司为了某事,跟同事讨论或协商而不得要领时,可以考虑看看,是否可以在下班或假日的时候造访对方(条件是对方愿意的情况下,这是勉强不得的,否则无效)?借由环境语言的改变,以不同的沟通形式来打破僵局。

从事营销工作的朋友们,尤其需要做到这一点!我们都知道,陪客户打球、请客户吃饭、办家庭派对,都是因为环境语言发挥了巨大的影响力,同样一句话、同一个技巧,都会因为不同的环境语言,产生截然不同的效果。

2. 公德心、亲和力、上进心、使命感随着环境语言而改变

如果你经常跟着旅行团出国旅行,一定会发现有些人的公德心、亲和力会有某种程度的变化。例如,到了日本、新加坡,大家的公德心与亲和力变得比在国内好很多。另外,如果在某种刺激下,例如,亲眼见识到壮观的建筑、成功事迹、奇闻逸事等,甚至可能激发出上进心或使命感。

所以,可以借由环境语言的改变,激发小孩的公德心、亲和力、上进心、责任感等,强化某些层面的教育效果。比如,经常带他们去野外郊游、登山健行,通过野外开拓心胸、疏解压力的环境语言,伺机进行机会教育或培养他的品行,效果肯定大不相同!

另外,把握环境语言的"药引"特性,还可以考虑几个类似的地方:同性厕所、三温暖、游泳池畔、出差时共宿的房间等,它们的共同特性是疏解压力的、近距离的、某种程度的坦诚、无形的亲密感等。只要能够把握这些关键时刻,善用环境语言,就都可以得到很好的"药引"成效。

营造环境语言的六项关键原则

有时没有合适的环境语言可以应用，或者事关重大，必须自己设计出最恰当的环境语言，可以利用以下的关键原则来规划。

1. 选择大空间

空间大小对人而言，最容易且直接的影响就是改变心胸，空间越大越容易使人放宽心胸、放松心情，甚至变得心情开朗。所以，在先不考虑其他因素的情况下，空间越大越适合进行目的性高的沟通，例如郊外、公园、大操场等。（请参考前一章的"隐秘性 vs 空间的环境语言象限图"）

2. 选择隐秘性高的地方

通常，对于非亲密关系的双方来说，隐秘性低的地方，容易引起顾忌、拘谨、顾及面子。例如派对、大会场，虽然很适合交流、培养情谊，但并不适合高目的性的沟通。除非你想借用别人的影响力，否则应该另找一个隐秘性高的独立空间，才能改善沟通的环境语言。例如，在展售会场中，如果预算允许，最好在大摊位里隔出一个独立空间，以利与重要客户谈判。

3. 选择有特殊属性的地方

许多环境都具备特殊属性，例如学校、图书馆、合适的展览会场、演讲会场等。当然，这些有特殊属性的环境必须搭配好沟通目的——正确的环境搭配相应的沟通目的，那么环境语言就可以发挥最大效果。例如，你要培养小孩读书兴趣，图书馆就是最佳选择。

4. 选择你熟悉的环境

熟悉程度无形中会影响当事人的心情，越是熟悉越有自信、越能安心，甚至越大胆。相反地，陌生地方会降低一个人的气势，也会让人收敛一些。所以，如果可以的话，进行高目的性沟通的环境，应该选择你熟悉而对方不熟的地方，例如你的公司或办公室，甚或你家。

5. 创造你的主场优势

如果在某个地方，有许多人认识你，对你非常友善，甚至非常尊敬，但这些人并不认识你想要沟通的对方，此时对方的锐气比较容易受挫，产生莫名的压力，就如同球赛的主场优势一样。因此，你应该选择这种地方进行高目的性的沟通，例如，你非常熟识但对方陌生的餐厅——你熟悉这里的环境，老板跟服务生也喜欢你、尊敬你。必要时，这群人还可能会很有默契地扮演你的助销员或粉丝。

6.注意并消除破坏环境语言的肇因

我们曾在上一节提到,环境语言有时会受到时间、组合成员、人数、灯光、双方情绪、音乐、气候等因素的影响或破坏。这些因素的影响程度不一,而且千变万化、毫无规律可循,因此必须依靠个人敏锐的嗅觉。一旦察觉有异,就必须当机立断,决定是否更换沟通的地方。例如,你虽然选择了非常理想的餐厅,但突然来了一群大声喧哗的客人,并且已经严重破坏了你们的沟通环境。

大家都会同意,沟通气氛是非常重要的"药引",有时在各个条件都趋于成熟后,只要能掌握正确的环境语言,最后可能无须太多画话技巧,只要问一句话、开口要求,就能如愿以偿啦!

PART 3
第 三 章

"用"人性
——参透人心,水到渠成

凡事都是来自人性。姚老师用多年营销技巧教学经验的归纳及最简单的方法教你读懂人性,再用最真诚的人性技巧帮助你"画"出打动人心的话。

第三章
"用"人性——参透人心，水到渠成

阿爸用"六全人生"教我读懂人性

> 读懂人性，一切都好"说"！

小时候，我家住在乡下的三合院，院子一边的长廊上经常人来人往、人声鼎沸，好不热闹。因为我阿爸会八字学、姓名学、择日等，还会给乡亲们解惑，并且从来不收分文，完全免费服务。

有一天，客人都走了之后，我问他一个问题："阿爸，为什么你这么厉害？你怎么都知道别人发生什么事？"

他放下手中的笔记本，说道："傻孩子！其实，不管谁来算命，不外乎是人生六件事当中，有一件或一件以上发生了问题。"

我问道："哪六件事？"

"亲情、爱情、友情、事业（小孩则是学业）、健康和财富。"我聚精会神地听着，阿爸继续说，"假如这六件事都顺心如意，叫六全人生，就是最幸福的人了，你觉得他还会来找我吗？"

嗯嗯！的确有道理。"那阿爸又如何知道他们是哪一件出现问题了呢？"

"哈！傻儿子，下一次要不要换你来坐我这个位置？"阿爸说,"其实大多是客人自己说出来的。就像刚刚那位,他一坐下来就急着说:'怎么办?怎么办?我被骗钱了……'还有前面那位妇女,一坐下就抱怨她婆婆如何如何对待她。或者你稍微观察一下就知道哪里出问题了。比如说,遇到年轻男人,多半是感情或事业问题;中年男人要么事业要么财富有问题;老年人几乎是健康问题;而年轻女性必问感情,年长女性必问婆媳关系或儿子的事业。"

"哇,阿爸果然厉害!"

最后,我问:"那你是如何让人觉得神准的?"

"傻儿子,其实我什么都没有预测啊!你难道没发现?对于每个人的每个问题,我都只是给他鼓励的话,给他信心、给他希望,并且告诉他如何好好规划未来,如此而已!"

哈,我终于明白了!阿爸厉害的地方其实是对人生与人性的理解,以及应用不同类型的人(例如用不同年龄、不同性别做分类)所有可能的特性,分别给予相对应的答案,而这些答案其实都已经梳理过了、固化了。

不是吗?只要把人生问题都做个分析跟分类——男女老少各自最关心的问题是什么,然后依据人性的需求给他们信心、给他们希望、鼓励他们好好规划未来就可以了。也就是应用减法抓对核心问题并且归纳简化,再难的事也变简单了。

当我开始构思要写这本沟通技巧的书时,就立刻想到可以运用阿爸的思维。他那么受欢迎,我理应学习他的成功关键因

第三章
"用"人性——参透人心，水到渠成

素：读懂人性并且正面应用人性，最后用来帮助他人！

所以，接下来的文章就是将人性做个剖析，将性格做个分类，然后找出相应的、可固化的技巧，让大家在学习之后能正面应用，帮助他人。当然，助人之后，自己也会得到快乐与成就感。

激发行动力的活力泉源

> 找出对方最在乎的情感需求，让它成为激励对方行动的原动力！

在潜意识里，大部分人都会有被需要、被依赖、责任感、荣誉感等情感需求，当然也包括了获得实质利益的渴望。这些情感需求正是我们沟通时可以充分善用的地方。

比如说，当我们要求小孩承担某项任务、鼓励朋友士气、要求团队组员努力冲刺业绩的时候，如果能诉求这些情感，让当事人感受到被需要、被依赖或者很有面子，就能激起对方的动力，达到沟通的目的。而这些可以激起动力、令人奋勇向上的因子，我们称为活力泉源。

活力泉源的清单

只要能达到激发对方士气、产生行动的情感，都可以列入活力泉源的清单。这里试举几个活力泉源的案例：

第三章
"用"人性——参透人心，水到渠成

"画话"小学堂 ♡

善用活力泉源，你一定会慢慢成为一位具有沟通力的激励大师。

被需要

当我们需要对方帮忙时，可以这么说："小陈啊，我们单位只有你最懂机械啦！机器突然坏了，我看大概只有你可以搞定它，是不是就请你帮忙修理一下？大家一定会很感激你的。"

或者："小宝，这次考试对我来说很重要，如果有你在场陪伴，我会安心许多。要不然，到时候我一定会慌了手脚，很可能考得不好。所以拜托你陪我去考试好不好？"

被依赖

情侣之间，女方依赖男方接送上下班；小孩依赖母亲呵护才能睡觉；公司依赖超级业务员；等等。对于被依赖的一方来说，都是一种活力泉源，也有人称为甜蜜的负担。我们可以举其中一两个状况模拟善用如下：

激励绩优业务员再度奋起："Bill，你的业绩几乎占了我们部门的三分之一，你要是再这样萎靡不振下去，你说我们这个月的目标该怎么办呀？"

激励只知努力工作而忽略健康的爸爸多多爱惜身体："爸爸，你是我们全家人的依靠，你要找时间多多休息，运动运动，为我们保重身体！走，现在就跟我们运动去。"

责任感

"阿俊，这次公司千挑万选之后，才选择你负责这个项目。这个项目的成败就在你身上了，你一定要把握这个展现才能的机会，好好完成这次任务，同时也为我们部门争口气，好吗？"

荣誉感

"各位伙伴，我们这次任务虽然比往常艰巨、竞争者的实力也大增，但是，'凡事第一'一直是我们单位的传统，也是我们的信念，更是我们单位创办人 Grace 的骄傲！所以，不管有多困难，我们仍然要拿到第一名，保持这份荣耀，同时也为自己写下光辉灿烂的一页，你们说好不好？"

> **实质利益**
>
> "这个月公司特别增加了百分之二十的奖金。大家不要小看这数字,这可代表了十万元的现金呢!按照奖励办法规定,各位只要再增加三到四个新客户,就可以轻易分配到一到两万元的奖金!而三四个新客户不过是各位一星期的努力!"

事实上,活力泉源不仅仅是这些,各位可以自行列举更多的因子,并且模拟适当的说辞,加以善用。长此以往,你一定会慢慢成为一位具有沟通力的激励大师!(活力泉源用在能力好、自信心强的人身上,效果会更好;如果遇到能力差、自信心不足的人,建议采用接下来两节的画话技巧。)

激发活力泉源,就从微笑开始吧

嗨!你今天微笑了吗?日本保险大师原一平说:"微笑是最有效的销售武器。"所以,他不但要求自己时时面带微笑,还会把"嗨!你今天微笑了吗?"当作他的问候语。根据他的经验,每次他用这句话开场,十之八九都会得到对方友善的回应,进而开启极佳的晤谈氛围。

微笑的魅力任谁都无法抗拒。想象一下,一大早遇到同事、朋友或陌生人对你微笑道早安，你的心情如何？想必你的嘴角也会跟着上扬吧！心情也会奇妙地因为这上扬的嘴角而轻快起来。

一抹小小的微笑，影响力远远超过你我的想象。它是打开对方心扉的最佳武器，也是带动他人好心情的必杀技。因此，如果要想使用活力泉源激发对方的行动力，自己最好能先主动送上一个活力泉源因子——真诚的微笑就是最简单又最有效的方法。

嗨！你今天微笑了吗？

"画话"小行动 ♡

以下是几个常见的活力泉源，请试着运用到你的沟通中吧。

满足个人的嗜好	
满足个人成就感	
发挥人性中的爱与关怀	
满足爱表现的欲望	
满足个人的偶像崇拜	
满足喜欢被赞美的需求	
满足帮助别人成功的企图心	
满足受到肯定的需求感	
唤起个人美好回忆或经验	
给予具体或可以想象的诱因	

第三章
"用"人性——参透人心,水到渠成

让说话有"乘效"——借用巨人肩膀

> 阿基米德说:给我一个支点,我就可以举起整个地球!
>
> 姚老师说:给我一个肩膀,我就可以让全世界听我的!

曾经有这么一个电视广告:

两位很有品位的绅士走在路上,其中一个是盲人。走着走着,一片叶子掉了下来。眼盲者说:"枫叶!"同伴很佩服他的听力。接着走来一位妙龄女郎,眼盲者听到她咔咔的走路声后说:"香奈儿!"同伴低头一看,哇!女郎穿的鞋子果然是香奈儿。紧接着,路边停下一部汽车,"砰!"一声关门声响。眼盲者说:"嗯!是奔驰!"此时,刚刚从汽车走出来的优雅男士与他们擦身而过,眼盲者的同伴还赞美他:"嗯!好车!"优雅男士得意地笑着离去。当两人走到这部车子旁边时,同伴看了一下,才发现这部车根本就不是奔驰车,而是福特的Metrostar。

这个广告很有意思吧?它要传达的意念是福特Metrostar的关门声音浑厚又扎实,可以比拟奔驰汽车,就连听觉最敏锐的眼盲者都会以为那声音来自奔驰车。这个广告之所以如此诉求,是因为很多男性消费者在选购汽车时,都喜欢听车子关门的声音,借此判断汽车钢体结构的质量好不好。

当然,关门声音越浑厚扎实,消费者就会联想或认定质量越好,甚至联系到对整部汽车的评价。结果,这个广告强打一阵之后,确实吸引了许多消费者到展示点体验这部车的关门声音,当然也有人因而下单买车。更意外的是,有消费者直接称呼这部车为"小奔驰"。

事实上,我们仔细想一想,纵使 Metrostar 跟奔驰的关门声音很相似,也不代表整部车都一样啊!由此可知,只要具备相当程度的质量,消费者在没有深入探讨比对之下,心中自然就会把 Metrostar 的位阶一下子拉到比原来还高的程度,甚至联想到最高、最好的等级,这就是本技巧——借用巨人肩膀的效益。(广告中的巨人是指奔驰。)

运用"巨人"帮你抬轿

同样地,裕隆当年在推出 Cefiro 时,也用了类似的广告表现手法。

在电视画面上,首先看到劳斯莱斯汽车在崎岖的道路上疾驶,仪表板旁边的宁静度测试仪显示了一个数字。紧接着,画面上的汽车换成了 Cefiro。此时从画面上可以清楚看到:

Cefiro 的宁静度竟然比劳斯莱斯还好。经过电视强势播送之后，这款车一炮而红，而且成为长销型的车种。市场上因此也流传着"最安静的汽车是 Cefiro"这种说法。当然，裕隆集团也因而脱胎换骨，再次称霸台湾车坛。因为当时 Cefiro 是一部新款车，质量尚待考验，所以很巧妙地借用巨人肩膀，顺利提升了消费者的信心。

其实，Metrostar 跟 Cefiro 的广告都是聪明地避开自己的弱项，只选择单一的强项，直接挑战最好的汽车，优劣明确、胜负立见；成功地把"最结实的车体"与"最宁静的汽车"这一印象烙印在消费者心中，进而影响了购买决策。

由以上的两个例子，大家应该可以体会到巨人肩膀的威力了！这里的"巨人"泛指大企业或具备龙头地位的大公司、大集团。如果借用的标的是一个品牌，也可以叫作"名牌肩膀"；如果借用的标的是名人，则可以改称为"名人肩膀"，意义相同。只要对我们自己或产品有拉抬声势的效益，就可以广泛善用（如表 3-1 所示）。

表 3-1　借用巨人的肩膀

一般叙述	借用巨人肩膀	分析
今年我的十二个组员当中，有九个获得保险业MDRT的殊荣，所以，你也应该选择加入我们这个精英团队才对	今年我的十二个组员当中，有九个获得保险业奥斯卡之称的MDRT殊荣，所以，你也应该选择加入我们这个精英团队才对	★借用属性或标的：世界级的 ★借用原因与效益：对非业界的人来说，"借用巨人肩膀"一来可以让外行人比较容易理解（对方可能不知道什么是MDRT），二来也可以让听者感受到它的难度或可贵之处
我建议你选修吴教授的课，因为他可是第一届唐奖得主	我建议你选修吴教授的课，他是第一届唐奖得主，这个奖项有东方诺贝尔奖之称	★借用属性或标的：世界级的 ★借用原因与效益：因为第一届唐奖是新奖项，"借用巨人肩膀"可以让一般人更容易理解这一奖项的地位，进而达到你的诉求目的
我们今年招考一百二十名空姐，到了第二阶段，应聘者人数还高达六千名，真的是百中选一，录取率只有百分之二，所以我们空姐的素质绝对是一流的	我们今年招考一百二十名空姐，第二阶段应聘者人数还高达六千名，真的是百中选一，录取率只有百分之二，比国家考试录取率还低、还难，所以我们空姐的素质绝对是一流的	★借用属性或标的：国家级的 ★借用原因与效益：国家考试本就给人超难考的感觉，如果录取率比国家考试更低，那真的可以让人觉得是难上加难、弥足珍贵

第三章
"用"人性——参透人心，水到渠成

巨人肩膀的延伸运用——影响力

巨人肩膀的核心意义是影响力，所以，延伸出来的应用就更广泛了。其中最广为人知的就是第三者影响力。

只要我们稍微留意就会发现，不管什么商品，找名人代言的广告特别多，而且有越来越多的趋势。其实，名人代言就是要借用名人发挥第三者影响力，进而达到广告的营销效益。

另外，我们也常在电视上看到，许多人讲话时，常会引用"孔子曾经说过……"等。演说家在演讲中，必定会引用大量的"某某人说"。如果你常听李敖的演讲或电视评论，一定会发现他最大的说服力来自他搜集了大量的历史典故与真实证据，然后再加上合理或具逻辑性的推论，让听者难以反驳，进而达到影响别人的目的。这些都是在借用第三者影响力。所以，为了提升沟通力，今后我们应该多善用第三者影响力的技巧。

特别提醒，巨人肩膀固然是一个好技巧，但如果本身层级与巨人差很多，请不要直接"站在"巨人肩膀上。例如我说："我的歌声简直可以赢得一座格莱美奖杯呢！"这话可能会引来听者的一阵作呕声，反而会坏事。所以，请慎用之！

从巨人肩膀不但可以延伸到第三者影响力，继续延展出去后，还有许多"因子"可以作为说话时借用的影响力因子（如表 3-2 所示）。

表 3-2 其他重要的影响力因子

影响力因子	举例
有影响力的特定人士（第三者影响力）	学者、专家：教授、老师、医师、律师等 正面形象的公众人物：圣人、贤达人士、艺人、政治人物 受仰慕之士：偶像、艺人等 受信任之士：高学历与高成就的人、信用记录极佳者、体面或具专业形象的人、形象忠厚老实的人、模范生、高绩效者等 拥有权势之士：高职位、项目负责人 例如：孔子、彼得·德鲁克、任正非等
公信力单位	媒体 学术机构、政府机构 有名气且正面的公司或法人 例如：中央电视台、红十字会、华为、哈佛大学、北京大学、诺贝尔奖等
有力的证据	历史典故 科学证明、真实证据、真理 亲身经验 研究报告、市场调查、合理或具逻辑的推论 例如：科学证明茄红素在人体内可以发挥抗氧化作用，可以消除体内自由基，保持青春
潮流	普遍现象 社会流行 例如：新竹科学园区里的科技新贵也都非常流行吃含有茄红素的食物

第三章
"用"人性——参透人心，水到渠成

发挥人性弱点的正面效益

> 嘿！所有的职场A咖都在谈论姚老师的新书《话中有画》，像你这么优秀的人才怎能接不上这个话题？快去买一本来偷学几招吧！（这就是本章要教你的画话技巧。）

"一样米养百样人"，却没有一种叫作十全十美的人，每个人或多或少都有一些弱点。

希腊神话中有个非常有名的勇士叫阿喀琉斯，他是一个刀枪不入的战神，敌人用尽方法都无法打败他；但他有一个不堪一击的弱点——脚踝，只要敌人攻击他的脚踝，就可以轻松打败他。

在和他人沟通时，如果我们能够掌握对方那个不堪一击的"脚踝"，并且加以善用，绝对可以更有效地达到沟通的目的。不过，我们要强调，善用人性弱点可不是教大家耍诈、欺负人，而是要让对方的弱点发挥正面效益，增加我们沟通的力量。

让人性弱点发挥正面效益

"让人性弱点发挥正面效益"这句话乍看之下好像犯了逻辑错误，其实不然，换个方式讲，就是"人性弱点的正面应用"。我们示范几个例子便可理解。

1. **人性弱点一：害怕失去**

一个人之所以会害怕失去，不外乎是因为"太爱"。例如，太爱一个人就会害怕失去他；太爱钱就会害怕失去赚来的钱；太爱做某一件事就会害怕以后没机会做，等等。如果当初付出很多时间、精神或金钱，才获得这个"最爱"，这种害怕失去的感觉就会更强烈。例如，努力争取的经理职位、辛苦自创的事业、费尽千辛万苦完成的作品等。

正面应用范例：

银行理财专员在面对爱钱又保守的客户时，不应该一味强调高获利，而应该介绍低风险或无风险的产品，将诉求重点放在风险评估与规避的方法上。因为这样的人在心理上害怕失去辛苦钱，但不会把这样的感觉挂在嘴边。理财专员必须有足够的敏锐度，抓对方向，顺势而为，让对方知道资金安全胜过获利多少。如果没有体会到客户这一层心情，恐怕也无法与对方培养长长久久的客户关系。

2. **人性弱点二：害怕被忽略**

很多人有这样的经验：在一个不熟悉的公开聚会里，假如总是没人来跟你攀谈、长时间独自一人，你肯定会浑身不对劲，心里一定会期望有个人可以随意聊聊。这就是害怕被忽略的感受。

相反地,你虽然不是聚会的主角,但总是有许多人主动来找你聊天,甚至向你请教,那么,那一次聚会肯定会让你很开心。这就是被重视的感觉。

根据观察,害怕被忽略的人,往往也是缺乏自信的人。因此,在邀请或说服某个人承担任务时,假如对方是一个很有自信、很有能力的人,你应该赋予他"活力泉源"中的荣誉感,以激发他的动力,发挥"活力泉源"的最高效能。相反地,在要求一个能力比较差、缺乏信心的人承担任务时,如果在口头或动作上重视他,让他在团队中没有被忽略的感觉,效果会比诉诸荣誉感或责任感更为有效。如图 3-1 所示。

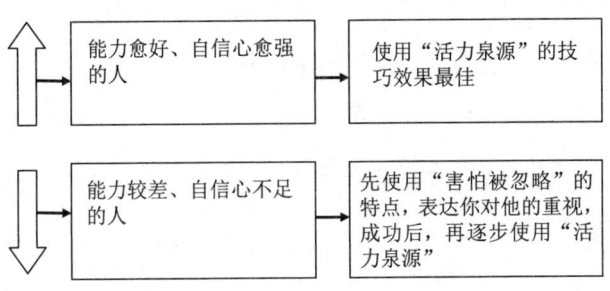

图 3-1　发挥人性弱点的正面效应

正面应用范例:

高阶主管想要激励某位欠缺信心的员工时,可以在会议上刻意询问他的意见,让他参与一些重要议题的讨论;或者,在聚会中、平时的工作环境中,刻意走到这位员工面前,而不是派人把他叫到办公室来跟他谈话,如此一来,肯定会比把他叫来鼓励一番有效许多。

3. 人性弱点三:他人观感症候群

一般来说,太在乎别人观感的人,往往也是太爱面子的人。他们共同的特点是:非常在乎别人对他们的评论,很容易因为别人的评论而改变自己的行为。

我们经常可以听到身边的人有这样的担心,"你帮我看看,我这样穿,别人会不会觉得我怪怪的?""嘿!我们送这个礼物,人家会不会觉得我们太寒酸呀?"或者,出门前一再更换衣服;有朋友来访,即使家里还算干净,也一定要再一次费劲地打扫一番。这些都是太在乎别人观感的结果。

基本上,每一个人多多少少都会在乎别人观感,这算是很正常的现象。如果类似状况很多,而且很严重、很频繁,就成了"他人观感症候群"。

正面应用范例:

如果我们沟通的对象有"他人观感症候群",只要在关键时刻说:"嘿!你这样穿,人家会以为你是……你不如改穿……"千万别说:"嘿!我认为你这样穿不好,我觉得你应该穿……"因为一般有明显"他人观感症候群"的人,在乎的是他人观感，而不是身为自家人或好友的你。

4. 人性弱点四：害怕做错决定

正面应用范例：这是笔者当年在销售保险时的真实案例。

有一个客户在我充分介绍完保险之后，仍然犹豫不决，几次沟通下来，还是不敢下决心。最后，我领悟到她害怕做错误决定的弱点，于是这样对她说："来！我们现在来模拟一下您购买这份保险之后的三种结果。第一，真的不幸身故，此时您的至亲可以拿到一笔钱，还掉一些债务，这叫'真慈爱'；第二，生了大病或因故残疾了，此时，您拿到了一笔巨额理赔金，让自己往后的日子好过一些，这叫'关爱自己'；第三，二十年过去了，保险满期，您拿回所有缴纳的保费，还加上一些利息，让自己的退休生活更加光彩，这叫'善待自己'。您想想看，还有第四种结果吗？没有了！而这三种结果有哪种对您是不利的呢？所以，您购买这份保险只有获益，没有任何不利，您说对吗？"

没想到，这段话竟然成了她决定购买保单的临门一脚——成交啦！因此，只要我们确定对方认同你所诉求的概念或方向，这种害怕做错误决定的人，往往是偏感性而且缺乏自信。此时，最佳策略就是为对方理性、客观地分析，帮对方总结与推论，给对方做出决定的信心和勇气，最后大胆帮助对方做出决定。

建议大家发挥想象力，并对应实际经验，针对常见的人性弱点设计出善用之道，并且勤加练习，相信一定可以提升这方面的沟通效益。

"画话"观察站

有趣的人性弱点——"信远不信近""信外不信内"。

"信远不信近""信外不信内"，这些跟"外来和尚会念经""外国的月亮比较圆"有着异曲同工之处。我们平时也很容易发现：有些人对家人说的话总是充耳不闻，或采取怀疑态度，同样的话如果是出自外人之口，竟然可以改变他原来的想法。

有个妈妈要求女儿少喝加工饮料，多喝白开水，女儿始终不听。有一天，妈妈突然发现女儿好像开始改喝白开水了。一问之下才知道，女儿在补习班认识了一位很合得来的朋友。那位朋友说，加工饮料掺杂了太多人工色素及化学成分，对身体很不好，更会让人发胖。没想到女儿受此影响，就这样改掉了喝加工饮料的习惯。

以这个例子来说，这位妈妈过去说的话，事实上跟女

第三章 "用"人性——参透人心，水到渠成

儿的朋友说的都是一样的，但效果完全不同，这就是"信外不信内效应"。

我在进行训练课程前，常会遇到主办单位要求我，一定要在课程中告诉学员，他们的工作非常有前景，值得投入，或者要我强调"客户开发量"对于一个营销员有多么重要，等等。同样的话，为何主办单位说的效果会和我说的不一样呢？答案还是"信外不信内效应"：子女听妈妈的话听多了，不觉得有什么"智慧"；员工在公司待久了，觉得自己主管讲的话，不如外来人士的"新鲜"或"真实"。所以，只要我们能掌握真正的原因，转个弯使用本书的各项画话技巧，依然可以达到沟通的目的。

以下举几个"信外不信内效应"的解决方法：

现象

家中长辈始终不听儿女的话吃药或注意身体健康。

解决方法

通过有影响力的邻居或朋友来说服（最好先教邻居、朋友该怎么说）。

可以在闲聊中透露朋友长辈的案例（例如朋友的妈妈很注意身体健康，都怎么保养身体怎么运动，或某某朋友的爸爸因为不注意饮食而生病住院……），让长辈在潜意

识中有所联系与领悟。

现象

单位主管对属下的要求或激励效果逐渐递减。

解决方法

带着属下到外面学习或参访,借助外面的影响力。

在聘请外部讲师或顾问来培训时,通过"外来的和尚"将某些观念或要求传达给属下。或者换个方式善用本书的其他各项画话技巧。

老王的第三个西瓜

> 向老王学习"卖西瓜三部曲":巩固对方信心,创造分析过程,帮对方做决定。

相信大家都有买西瓜的经验,通常买西瓜的人都会有两个动作:一只手指着西瓜,眼睛看着老王说:"老王,老王,你们家的西瓜甜不甜?"老王一定会回答:"甜!"

另一个动作是对着老王说:"老王,帮我挑一个包甜的西瓜。"然后,老王就会用他的手拍拍西瓜,噗噗噗!噗噗噗!噗噗噗!拍到第三个时,老王一定会抱起第三个西瓜告诉你:"来!这一个包甜!"结果,你就买了老王挑的第三个西瓜。

老实说,我小时候种过西瓜,也算是"西瓜达人"。依照我的经验,西瓜皮那么厚,如何拍几下就知道哪个甜哪个不甜?打死我也不相信。其实老王在拍打西瓜时,内心的想法是:"听不懂、听不懂,啊这个就对了啦!"他根本没把握哪一个比较甜,这只不过是为了取信客户而做的一些假动作而已。不信的话,下次请默默观察老王,前面被他淘汰的西瓜就是下一次他帮客户挑选的第三个包甜西瓜,否则他如何销完所有的西瓜呢?

拆解"老王的第三个西瓜"

"老王的第三个西瓜"是非常普遍的现象,而这其中隐含了两层意义:

第一层,人是害怕做决定的。一般人买西瓜的时候,需要老王告诉他一个"甜"的答案,纯粹只是希望老王为他加强"买一个好吃的西瓜"的信心和勇气而已。

第二层,人更怕做错误决定。一般人面对未知、不熟悉,又是攸关自身权益的事物时,内心深处总是害怕、不安的,担心做错决定。所以,买西瓜的时候需要依赖专家老王来帮他挑选一个包甜的。

其实人害怕做决定,更怕做错误决定是非常普遍的现象,我们常在其他场景看到这种心态反射——你会经常发现有人都已经把商品拿到结账柜台准备买单了,还在问老板:"你们这东西好用吗?"对于这种害怕做决定,更怕做错误决定的心态反射现象,我称它为"西瓜效应"。

既然西瓜效应这么普遍,我们就要懂得在其他情况下善用它。我们把情境设定在当对方犹豫不决时,也就是西瓜效应发酵了。在这种情境下,表示对方心中那个要或不要的天平处于摆动的状态,此刻对方内心有些慌张。你一定要适时跳出来,在"要"的这一方加点筹码,帮对方向"要"的这一边倾斜。

"老王的第三个西瓜"三步骤

1. 巩固对方信心

首先,你必须先主动、肯定且具体地给对方信心,也等于帮对方准备做出决定的勇气。此时,以赞美或肯定对方居多。例如:"王小姐,你穿得这么讲究、这么漂亮,必定是一位非常懂得保养自己的人。"

2. 创造分析过程

其次,必须学习老王在客户面前"创造一个分析过程"这个动作,目的在于争取对方对我方的信任,接着使用排除法把标的物凸显出来。例如:"你整天都在冷气房工作,空气太干燥了,长期下来皮肤容易老化,缺乏弹性,所以一定要适时补充水分(客观分析)。而市面上的保湿乳液要么锁水效果不好,要么保湿时效太短(排除),而这款乳液是市面上保湿效果最长的(凸显标的物)。"

3. 帮对方做决定

最后,再给对方一个理由帮助客户做出现在买的决定,这个临门一脚很重要。例如:"因为它的保湿效果可达八小时,你只要早上擦一次就可以保湿一整天,最适合您这种忙碌的上班族了！"如此一来，你等于帮准客户解决了"害怕做决定，更害怕做错误决定"的人性弱点，而客户也可以买得更加安心、愉快！

这就是"老王的第三个西瓜"技巧。以下，我们根据这三个步骤多做几个示范（如表3-3所示）。

表3-3 "老王的第三个西瓜"技巧范例

当你的朋友遇到人生瓶颈，不知何去何从，你要帮他做出积极、正确的选择时	
一般说法	阿肯，你不能这样整天沉迷在网络世界里啦！人生不是只有网络而已，你过去的失败不代表未来也会失败，赶紧振作起来，好好规划你人生的下一步
应用"老王的第三个西瓜"三步骤	巩固对方信心： 阿肯，我看你在网络上冲浪的样子，挺专注的，应用一些软件工具也挺有一套的
	创造分析过程： 过去你推销过套书，也销售过信用卡，都觉得不适合。显然你不大喜欢与人接触，也不大愿意承担业绩压力（排除）。现在，我发现你在网络世界里，好像还蛮能自得其乐的
	帮对方做决定： 我还发现，你在短短的时间内就变成网络高手了，显然跟网络很有缘分也很有天分，不如你尝试经营网络生意看看，一定可以发挥你的长处，你觉得如何

(续表)

当你的属下绩效起起伏伏，徘徊在进与退之间时，你要刺激他、激发他积极工作	
一般说法	Joe啊！以前你也曾经是第一名的人，这代表你是有能力的。业务嘛，总是有起有落，只要你愿意再给自己一个机会重新出发，相信你一定可以再把冠军杯抢回来的！怎么样？现在就开始努力
应用"老王的第三个西瓜"三步骤	巩固对方信心： Joe啊！这张报表显示，你不但曾经得过第一名，而且你的成交率到目前仍然是团队前三名，这代表你是有实力的
	创造分析过程： 从这张报表中分析，我发现你的活动量起伏不定，而且已经持续三周了，但很神奇的是，你的平均成交率没有滑落多少。更重要的是，我发现你的活动量跟业绩是成正比的。这代表只要你愿意出手，就会有业绩。所以，现在你业绩不好，我排除是能力或产品的问题。我发现你的活动量的起伏状况是呈规则变化的，所以，我可以确定你的问题是在于习惯
	帮对方做决定： 这样吧，习惯问题也不是什么不可治的病。这个月只剩下这一周了，不如，我们现在就来检讨一下你最近的工作习惯问题，好吗（引导对方继续奋战下去）

(续表)

	小孩不确定自己的兴趣，在不知道未来该往哪里发展的情况下，要帮他选择就读某一个科系
一般说法	小米呀，你现在虽然不知道将来要做什么，但我觉得信息业始终是最热门的行业，未来也会是社会主流行业。我看你也蛮喜欢玩计算机的，不如就选择信息系吧
应用"老王的第三个西瓜"三步骤	巩固对方信心： 小米呀，我发现你一碰到计算机，就会很自然呈现出一种快乐的模样；还有，你拆装计算机也蛮有一套的，干净利落，还挺专业的
	创造分析过程： 你现在虽然不知道将来要做什么，但你有没有发现，你从小到大曾经学过钢琴、跳舞、绘画，没多久就停了下来。理财之类的也激不起你的兴趣，而现在独钟计算机，显然艺术类跟财经类都可以排除了
	帮对方做决定： 既然计算机可以激发你的潜能，现在我们只要从理工类来考虑就好了……我相信你可以在信息的领域里找到成就感跟乐趣，不如你就选择信息系吧

常用"老王的第三个西瓜"帮助他人解决难题

事实上，我们由周遭亲朋好友的例子中可以发现，当人犹豫不决的时候，就是缺乏信心，缺少决策依据。此时，一定非常需要有人拉他一把。假如想出手帮忙，请记得使用老王的第三个西瓜——巩固对方信心，避免对方过早放弃；接着创造一个分析过程，让对方也能对我方产生信心；最后，来个临门一脚，再给对方一个理由，帮助对方做出决定。如此，才能迅速帮助对方解决难题。

把话倒过来"画"的反面诉求

> 反面诉求就像一把利刃。握在坏人手上,是用来害人的;握在医生手上,是用来助人的!

小王是一个阳光男孩,平时就热爱运动,这次他代表部门参加全公司运动大会的百米赛跑。深具荣誉感的他使出浑身解数,跑出了十五秒的好成绩,荣获全公司百米赛跑冠军。

隔周的周末,热爱大自然的小王独自去登山。不幸的是,竟然遇到了一只大老虎。大老虎虎视眈眈地准备攻击他,此刻,小王当然是赶快逃跑喽。

假设同样是一百米的距离,请问此刻的小王会跑出几秒的速度?比十五秒更快还是更慢?

毫无疑问,答案是更快!

为什么呢?要解释为什么之前,先介绍一下正面诉求与反面诉求。所谓正面诉求是指我们告诉对方,如果你做或不做某件事,可能会有什么好结果;而反面诉求是指我们告诉对方,如果你做或不做某件事,可能会有什么坏的结果。所以,正面诉求与反面诉求是相对应的,但各有不同的沟通力量。

表 3-4　正面诉求与反面诉求

	正面诉求	反面诉求
父母教导小孩	儿子啊，你要认真读书，将来才能出人头地；你要学习做人处世的道理，将来才会成功啊	儿子啊，你现在如果没有用功读书，将来可能会找不到工作；如果你没有好好学习做人处世，将来就没有老板愿意雇用你，可能会流浪街头当乞丐，怎么办
保养品销售	王小姐，你知道吗？我们这组保养品特别增加了原花色素的成分，可以有效隔离紫外线，保护脸部，让你的肌肤变得又白又嫩，永葆青春	反面诉求：王小姐你要注意哦！炙热的阳光是皮肤的杀手！它会破坏皮肤里的胶原蛋白，增加有害自由基；使皮肤失去弹性，产生皱纹跟黑斑。所以必须立即保护、修补。而原花色素就是可以修补胶原蛋白的圣品

如表 3-4 所示，如果你是说话者（父母或销售员），你会比较喜欢运用正面诉求还是反面诉求？如果你是听者（小孩或消费者），你会比较喜欢听到正面诉求还是反面诉求？你认为哪个诉求的沟通效果可能更有效呢？

根据一项调查，无论销售员还是消费者都比较喜欢正面诉求。不可思议的是，在这份调查里的另一个分析发现，多数消费者是在听到反面诉求之后才决定采取购买行动的。

既然多数消费者是因为听了反面诉求而采取购买行为，那么，为什么大部分销售员习惯使用正面诉求呢？这是因为大多数销售员都很客气，怕得罪客人，不好意思说不中听的话。所以，选择正面诉求的比例大于反面诉求。事实上，反面诉求的沟通力量更为强大。我们也发现，习惯只用正面诉求的销售员，绩效往往不如懂得在适当时机加上反面诉求的销售员。

为什么"反面诉求"力量大？

经过深入研究发现，一个人在听完正面诉求之后，情绪是正面的、轻松的、开心的。身处这样的情绪或环境下，只有少数人会因此受到激励，进而产生动力去追求美好的未来或结果。因为多数人都人性本懒，不喜欢改变，企图心不够旺盛，所以，大部分人在微笑认同之后，会选择维持现状，不想做任何改变，当然也就不会采取进一步的（购买）行动。

相反地，一个人在听完反面诉求之后，情绪是负面的、不安的，甚至是恐惧的，在心理上就如同芒刺在背，急欲去之而后快。在这样的情绪或环境下，大部分人就会想改变、逃离那种情绪或环境，自然就会产生改变的行动力，同时渴望得到帮他脱离不安的解决方案或产品。由此产生的力量也就更大、更及时！假如你就在那一刻适时进行推销或说服，事情当然就会如你所愿。

回到本文前面小王的例子,大家应该不难想到,他在面对老虎的威胁时,跑的速度一定会比竞赛时更快。因为,一般人在赛跑时是追求名次、追求荣誉所产生的动力,固然是巨大的,但是在被老虎追杀时,为了摆脱恐惧与不安所产生的力量,才是人类潜能极限的展现,而这也体现了使用反面诉求的效果往往大过于正面诉求的原因。

但是,一般人听了反面诉求之后,情绪是会失落的。因此,反面诉求画好了之后,还得再把话倒过来画一次,补一句"在什么情况下其实还是会很好的"。相当于把对方弄哭了,还得再逗人家笑,回到正面情绪。这样既可达到沟通效果,还能保持彼此关系。

反面诉求虽然使用的人比较少,但影响力量更大,不容忽视。如果你能在正面诉求之外,学习使用反面诉求,掌握其中精髓,或者在正面诉求无效时,适时适度加入反面诉求综合运用,那么,你将会发现自己可以更顺利地达到沟通的目的。

表 3-5　正面诉求与反面诉求的成语范例

正面诉求的成语	三人行必有我师;两人同心,其利断金;天无绝人之路;勤能补拙;否极泰来;多难兴邦……
反面诉求的成语	人无远虑,必有近忧;三人成虎;乐极生悲;欲速则不达;物极必反;玩火自焚……

"画话"小叮咛

正面诉求与反面诉求，在不同的情境中发挥不同的作用。

正面诉求与反面诉求都是很有效的画话技巧，可以在不同的情境中发挥出不同的作用。不过，当沟通目的性很强时，例如说服或销售，如果使用正面诉求无效，建议大家可以适时适当加入反面诉求综合应用。但请一定要特别注意：

反面诉求不等于负面诉求，也不是下危机或恐吓。例如，"如果你没有买保险，万一你意外身亡，你家人该怎么办……"这是会触犯对方忌讳的话，绝不是我们要推广的，用字遣词必须非常小心、讲究。

使用反面诉求有三个禁忌：不要用得太早、太多、太重。请务必避免这三点，否则会造成反效果。

反面诉求就像一把利刃。握在坏人手上，是用来害人的；握在医生手上，是用来助人的！

反面诉求之后，你往往需要进一步提供建议或解决方案，否则单纯的反面诉求可能会变成打压士气。

如果对方的能力距离完成任务太远，使用反面诉求反而会使对方自暴自弃，或者只好痛苦承受。此时不宜继续或加重反面诉求，而是应该先专注于提升对方的能力或

第三章
"用"人性——参透人心，水到渠成

适当降低目标。例如，平时英文只考六十分的小孩，你却说："如果你这次考不到九十分以上，就越来越不可能把英文学好了……"

亲子之间因为辈分不平等，且年纪相差较大，父母占尽说话的优势，有些父母因此会采取强势的反面诉求来教导子女。因为小孩的身心尚未成熟、领悟力不足，若是使用反面诉求失当，恐会伤及小孩自尊，造成反效果！所以，建议父母在教育小孩时，尽量少用反面诉求。

读懂人性，一切都好"说"

> 人在面对抉择时，普遍存在理性思考、感性决策的行为模式。所以，最好的沟通原则就是理性分析、感性呼唤。

与人沟通时，你想通过掌握对方的性格，进而提升沟通效果吗？假如沟通对象是非常理性的人，你认为该如何沟通？如果是非常感性的人，又该如何应对呢？

还记得我爸爸的故事吗？我爸爸就是懂人性、用人性，这就是沟通的必备知识。

读懂人性的基本方法就是归纳与分类。现在，我们就从有趣的性格分析开始了解人性，先探究、了解自己的性格，再反过来研究如何迅速掌握沟通对象的性格特征，并能找到最佳的沟通方式。

用"两性"读懂人性

相信"半斤八两"这个词大家都知晓其意。现在，我们来做个简单的心理测验，希望大家都能用直觉，快速选择自己的答案。

你认为半斤面包跟八两爱情哪一个比较重？

A. 半斤面包比较重

B. 八两爱情比较重

C. 两个一样重

D. 这是一个无聊题目

看完四个答案后，请马上做出选择，越快越好。你的答案是（　　　）。

根据心理学的解释：

选择 A 是偏理性的人。

选择 B 是偏感性的人。

选择 C 是偏感性的人。原因是半斤与八两虽然在字面上是一样重，但是后面分别加上了代表理性的面包与代表感性的爱情，所以已经不是字面上的意义了！从心理层面上解读，选择中间答案相当于不选绝对数——0 或 1，是 Fuzzy（模糊）行为模式，等于不习惯用数字思考的性格。

选择 D 是偏理性的人。因为面对这个问题时太认真了！过于严肃，少了一点点幽默感，这正是理性的人最容易做出的选择。

的确，从科学角度来说，人脑区分为左脑与右脑，左脑思考呈现出理性性格，右脑思考呈现出感性性格。依此推论，每个人一定同时兼具理性与感性的性格。唯一的问题是，应该没有人的理性与感性刚好各占一半。因此，我们可以把人的性格区分为两种类型：理性大于感性的人与感性大于理性的人。

判断沟通对象性格的四种指标

以下我们通过四种简单的判断指标——性格特质、工作类型、生活嗜好、外在仪表，来区分一个人是理性大于感性还是感性大于理性。

1. 性格特质

如果你发现对方讲究数字化、条理分明、要求精准、讲科学证据、喜欢分析、客观、讲道理、不在乎他人观感、做事有计划、自律、冷漠、冷静、举止粗放、不浪漫……那么，可以判断对方在性格特质上偏向理性。

如果你发现对方不讲究数字、条理不分、不求精准、不讲科学证据、喜欢直觉、主观、不讲道理、在乎他人观感、做事没计划、缺乏自律、容易感动、有爱心、举止优雅、浪漫……那么，可以判断对方在性格特质上偏向感性。

2. 工作类型

职业是律师、会计师、工程师、机械师、计算机科技业者、物理化学家……的人较偏理性，从事美容师、美发师、摄影师……的人较偏感性。

3. 生活嗜好

运动类型、不喜欢逛街买东西……的人偏理性，艺术类型、喜欢逛街买东西……的人偏感性。

4. 外在仪表

重视仪表穿着的人较偏感性（但感性的人不一定重视仪表穿着）。

如果对方符合以上理性描述的表现越多，表示理性大于感性。

如果对方符合以上感性描述的表现越多，表示感性大于理性。

如果对方符合理性／感性的描述行为差不多，则理性与感性占比趋近平衡。

请注意！我们并不是要做科学研究，所以，请不要用绝对精准的标准来看以上答案，否则大家会陷入争辩中，更不利于在沟通上的应用。

适当应用"画话"技巧

了解对方的性格之后，再适时适当"画"出适合对方性格的沟通方式，结果肯定会更加完美！这就如同一位画家，一旦能够掌握人性，并且把情感充分表现在画作里，通过画作与爱好者进行美妙的沟通，他的画作肯定会大受欢迎！这就是用人性，画好画。

如何适当应用画话技巧呢？研究一下人类的行为模式之后，我们发现任何人在面对抉择时，普遍存在一种固定的行为模式，那就是理性思考、感性决策。例如，有人经过理性分析后认同抽烟对身体有害，但每次心情不佳时，还是抽起烟来；逛街购物前很理性地做好购物计划，但逛街回家后盘点战利品，发现多买了几样可有可无的东西。这些都是理性思考、感性决策的结果。从另一个角度来说，人类的行为中普遍存在感性最终会打败理性的现象。

没错，大家一定可以列举出许多最后的决策仍然是理性的例子，这个我们并不否认。只是我们强调理性思考、感性决策既然是最普遍存在的现象，那么我们根据最普遍的现象找出"画话"技巧的基本原则，就能争取到成功沟通的最大机会！

所以，对应理性思考、感性决策模式的"画话"技巧原则就是理性分析、感性呼唤。理性分析、感性呼唤是一个原则，

第三章
"用"人性——参透人心，水到渠成

也是一个架构。不管是理性分析还是感性呼唤，当中都应该隐含本书介绍过的各种画话技巧。

最后，我们把两类性格的人与理性分析、感性呼唤进一步结合之后，得到以下"画话"原则：

面对理性大于感性的人，必须高强度理性分析＋关键性感性呼唤。

面对感性大于理性的人，必须简易性理性分析＋高强度感性呼唤。

面对理性大于感性的人需要高强度理性分析，这是因为对方的思考模式偏重理性。要想说服他，我方就必须呼应对方的思考模式，而且强度必须随着对方的理性程度增强而提升，才能确保双方在同一个频道上沟通。

那为何还需要关键性感性呼唤呢？

一来，因为对方再怎样理性，内心深处绝对还存有感性的一面，所以我方仍要应用感性的力量（因为感性终究会战胜理性），达到我方期望的沟通结果。

二来，因为越是高理性的人，他仅有（或少数）的感性就越容易集中在少数人或少数的事情上。所以，我方感性呼唤的标的必须讲究关键性（或准确性）。

一位理性远远大于感性的大将军，他平时是绝对的理性——做事严谨、治军讲纪律、个性冷静沉着。但回到家后，他极有可能把仅有的感情全给了宝贝女儿，对女儿绝对溺爱、百依百顺。在这种情况下，只要是跟他掌上明珠的安全、健康、感情、喜好……有关的事，都是他最在乎的事。我们只要让他相信我方诉求的内容有利于他女儿，他就会同意我方意见。反之，对他女儿不利的事，就无法取得他的认可。在公事上，他仅有的情感可能就会投注在国家、民族上，所以，我们才会听到某些将军把一生奉献给国家或民族的故事。

那么，简易性理性分析是什么意思？我们面对感性程度越强的人时，代表对方越欠缺理性思考或者不善于理性思考，所以，理性分析是为了弥补对方的不足，帮助对方梳理问题，有助于对方的判断。之所以强调简易性，是因为对方不善于理性分析，要是我们过度理性分析，可能反而制造了对方的抗力，或者越分析对方越迷糊。

总而言之，理性分析、感性呼唤是为了呼应绝大部分人的思维模式，而高强度、关键性、简易性是为了呼应对方理性与感性的偏重程度所做的调整。

第三章
"用"人性——参透人心,水到渠成

"画话"小学堂

与不同性格的人沟通时,在理性分析与感性呼唤以及强弱程度上的应用示范。

面对理性远大于感性的人

吴副总是一家大型企业的业务部负责人,个性非常理性,平时非常严肃,不容易被说服。

康康是他的助手,这一天,康康接到吴副总要他筹办业务部上半年业绩总结会议的指令。副总给他两个原则:一是只有交通费实报实销的预算,二是必须讨论出具体的业绩改善方案。

如此一来,康康只能借用公司会议室,会议时间也只能一天。不过,康康认为这次会议无比重要,在上半年业绩严重落后的情况下,这次会议应该有一些不一样的做法,才能取得突破性的改变。他左思右想,重新整理思绪之后,决定去说服副总接受他的建议——举办两天的会议和外训。他用的正是高强度理性分析+关键性感性呼唤的沟通原则。

他这么跟副总说:"副总,刚刚我进一步分析了您给我的上半年业绩报表,我发现几个KPI突显出来的问题,可能需要在这次会议中一起解决。第一个是,我们上半年的业绩不单单落后百分之十三点八，更可怕的是，我们有百分之六十九的业绩竟然集中在百分之十五点七的客户身上，其中一家公司凯胜就占了整体业绩的百分之九点七。这是我们下半年度想要提升业绩最大的潜在风险。您知道吗？刚刚我去问了负责凯胜业务的阿旺，他告诉我，根据他的预估，凯胜下半年的订单无法像前半年一样。所以，我非常担心，万一那百分之十五点七的客户都像凯胜一样，下半年减少订单，恐怕……我们不仅仅是更卖力了。所以（康康停顿片刻），我建议这次会议应该拉到外面度假村举行两天。度假村的氛围有助于第一天会议的头脑风暴，好好找出赶超业绩的具体行动。

"另外，根据上次来我们公司演讲的姚老师提到的'业绩＝动力 × 能力 × 时间'的立论点，在时间上我们已经落后了，动力跟能力是我们能弥补的部分。所以，第二天应该请姚老师再来帮我们上课，带动大家的士气，同时提升业务团队开发新客户的能力，显然开发新客户是我们下半年的关键行动之一。

"我更担心的是，今年是副总的关键年。大老板说过，明年初，公司就会增设一名执行副总，显然是在做接班准备。虽然您过去备受老板的肯定，但是，今年我们的目标达成与否，恐怕会左右老板的选择。尤其是企划部张副总近来的表现，老板可是不断地在称赞他……"

这是一个发生在我的客户身上的真实案例，康康的这段话说服了平时很强势、很难被说服、理性远大于感性的副总，最后促成了两天的会议加教育训练的活动。好消息是，他们最后不但完成了年度目标，还创下了五年来的业绩新高。最后，吴副总也当上了执行副总，正准备接班中。

康康画话技巧的基本架构是：

高强度理性分析：有凭有据、有道理，又高强度地点出问题的严重性＋原因分析＋改进方案的立论依据＋详细做法。内容涵盖了数字魔法术、反面诉求、巨人肩膀、人性弱点等画话技巧。

关键性感性呼唤：今年是副总关键年，攸关副总的升迁，同时面对竞争者的严重威胁。内容涵盖了人性弱点、反面诉求。

面对感性远大于理性的人

陈太太是一位职业妇女，个性是感性远大于理性，平时喜欢打扮，更喜欢通过购物来犒赏自己，逛街时都是凭感觉购物。最特别的地方是，她很容易看上东西，但是，在关键时刻总会犹豫不决——买，还是不买？买这个，还是买那个？

这一天，她在百货公司看上了一件很靓丽也很贵的衣服，她觉得这件衣服真的很好看，不过也觉得不实用。她认为穿在自己身上太亮眼了，只适合参加宴会时穿，穿的机会太少了（简单的理性思考），但同时又……这时，销售员应用了简易性理性分析＋高强度感性呼唤法。（温馨提示：此场景也可以应用"老王的第三个西瓜"销售法来帮助对方做出决策。）

"陈太太看衣服的眼光不输给专业人士哦！"（应用赞美因子，给对方信心。）

"陈太太考虑得也很周到，我唯一想要补充说明的是，像宴会这种重要场合虽然很少，不是天天有，但正是这样，更证明这件事对你很重要，而你此时更需要把平时收敛起来的靓丽展现出来呀！"（简易性的理性分析，应用的画话技巧是活力泉源。）

"陈太太一定会同意，此刻，在这种场合，您的先生肯定也希望您是一颗闪亮的星星。说真心的，至少您自己也不希望被比下去吧？"（高强度感性呼唤完全打中了陈太太的心，应用的画话技巧是活力泉源＋反面诉求。）

面对理性与感性趋近平衡的人

假设理性与感性又高又平衡，往往是很优秀的人，

第三章　"用"人性——参透人心，水到渠成

自恃也高，或者是社会精英，有点高不可攀，所以是最难被说服的对象（请注意！难说服不等于难沟通）。所以，首先必须使用高强度理性分析＋关键性感性呼唤。除此之外，还得强化我方与对方的关系，或表现出对对方的个人崇拜，适度满足成功人士普遍存在的期待被崇拜的潜在需求。（强化关系是争取好感，个人崇拜是活力泉源。）

请特别注意，此处的个人崇拜必须出自真心，因为大多数成功人士会很排斥拍马屁式的滥情。

PART 4
第 四 章

跟着 A 咖学"画话"
——说出画面感

恭喜你！读到这里，你已经朝 A 咖之路迈进一大步了！

在本书的最后一部分，让我们一起来看看各界 A 咖都是怎么运用"画话"技巧，让自己的理念被全世界看见的！

挑动情绪、触动情感的"画话"象限图

本书已经分别介绍了理性分析与感性呼唤、正面诉求与反面诉求,敏感一点的读者,脑中可能已经浮出一个象限图。我们把理性分析与感性呼唤分别放在横轴左右两端,正面诉求与反面诉求分别放在纵轴上下两端,自然形成了一个象限图。依照象限图惯例,第一象限为感性呼唤正面诉求,第二象限为理性分析正面诉求,第三象限为理性分析反面诉求,第四象限为感性呼唤反面诉求。

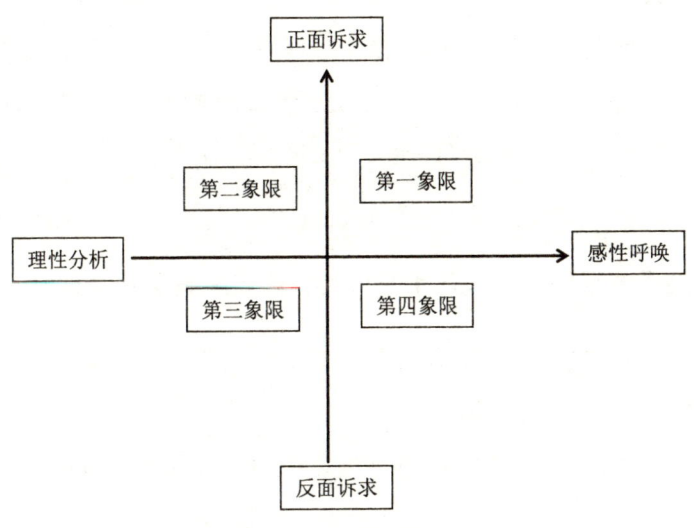

图 4-1　姚氏画话象限图

理性：可数字化的、可评估的、有标准的、客观的。

感性：无法数字化、无法评估、没有标准、主观的。

正面诉求：预测未来的结果可能是美好的、有益处的，通常是我方对于对方的期待或要求。

反面诉求：预测未来的结果可能是不好的、有威胁的，通常是为了正面结果，故意用反面结果来衬托正面的意义与价值。

我多年的研究心得发现，古今中外各种A咖的演讲、重要谈话，甚至是电影或歌词里，处处可以发现由理性分析、感性呼唤、正面诉求、反面诉求交织而成的内容。由这四种要素构成的画话象限图，我称为姚氏画话象限图。（如图4-1所示。姚氏者，姚能笔也，是此一象限图的发现者、发明者。）

我认为，一旦大家都能充分理解并灵活应用这一象限图作为"画话"架构，那么，沟通力将会大大地提升，立即晋升为沟通A咖，也必定会明显感受到成就感与满足感。

姚氏象限图画话技巧示范：劝导他人早睡保肝身体好

象限图是说话时"构话"的最大架构，每一个象限内都可以包含本书所有的画话技巧。

应用画话象限图的难度相对较高，所以，基本上用在目的性很强的时候，例如：演讲、销售或者进行重要的说服时。

以下是各个象限应用技巧的示范，后面还有相关注意事项。请读者读完本章之后，紧接着继续阅读后面的各种 A 咖都在用的画话技巧，看看这些 A 咖是如何应用"画话"象限图勾画出一篇篇、一场场精彩的"话面"的。

1. 第二象限：理性分析 + 正面诉求

理性分析：根据各大医学中心的研究，每天晚上十一点到凌晨一点是人体肝脏排毒时间，最需要在睡眠期间进行。此时，身体必须完全处于休息的状态才能达到最佳状态。（有凭有据、有道理）

正面诉求：所以，每天在晚上十一点前睡觉的人，因为排毒达到最佳状况，身体可以保持在最佳健康状态，也是对肝脏最好的保护。（听者情绪很好）

2. 第三象限：理性分析 + 反面诉求

理性分析：一项针对台湾二十岁到三十岁群组的调查发现，该群组一周有四天超过晚上十一点睡觉的比率高达百分之八十八，超过夜里一点睡觉的比率也达百分之五十。也就是说，台湾有一半的年轻人没有照顾好自身的肝脏。（数字魔法术）

反面诉求：长此以往，日积月累，这一批年轻人将快速耗损自身的肝功能。同时，排毒效果大打折扣的结果是皮肤加速

老化，免疫系统加速衰减，各种病痛将随时上身。（听者心情变差）

3. 第四象限：感性呼唤＋反面诉求

感性呼唤：为什么总是会哭的小孩才有糖吃？不哭的小孩反而没糖吃？肝脏是我们身体所有器官当中最安静、最听话的器官，在它还可以工作的期间，它都不会有任何抱怨。如此乖巧的心肝宝贝，却是我们最容易忽视的器官，这正是最可怕的地方。（比拟描绘＋具象化描绘）

反面诉求：然而，这种最安静、最听话的器官，不代表它没有脾气。一旦招惹它达到一定程度的时候，往往就是瞬间夺命的时刻了！我们还能不惕厉自己吗？（比拟描绘＋具象化描绘＋疑问句结尾）（听者心生恐惧，期待解决方案）

4. 第一象限：感性呼唤＋正面诉求

感性呼唤：有句话说得好，你怎么对待身体，身体就怎么对待你，尤其是肝脏。这么"乖巧的心肝宝贝"，理当更应该得到我们的关注才对。所以，从今以后，我们应当好好呵护自身的肝脏，除了注意饮食习惯，也应该养成晚上十一点前睡觉的好习惯。（巨人肩膀＋比拟描绘）

正面诉求：让我们的"心肝宝贝"得到最好的照护，那么它就会"投桃报李"，更加"认真"地帮助我们身体排出毒素,让我们天天美美的、健健康康的!这样不是很好吗?(比拟描绘＋疑问句结尾)(听者产生希望,心情愉快,进而产生认同与配合的行动)

"画话"象限图相关的注意事项

1. 从象限一或二开始,一定要再回到象限一或二

一般人在听到正面诉求后会变得开心,而在听到反面诉求后会变得不开心。所以,不管我们是在演讲、销售还是说服时,最好从象限一或二开始,让我们的沟通对象放松心情——先降低抗力、打开沟通的心门。然后,不管经过几次象限三或四的反面诉求,最终一定要再回到象限一或二的正面诉求,让对方回到开心的情境。

总之,一次成功的演讲或沟通,除了要把握 Happy Opening(开心地开始)、Happy Ending(开心地结束)的原则,同时一定让听者不断历经开心、难过、哭泣然后又破涕为笑的情绪波动,这样才会是一次感人肺腑、令人拍案叫绝的演讲或沟通。

2. 巧用人性

可能有人会问:反面诉求会让人感到不快,我们为何还要通过反面诉求让对方不开心呢?答案是巧用人性之故。理由在

于，当一般人处在不开心甚或低潮时，通常会有两种结果：一个是选择自我放弃，不管了，一个是期待英雄拯救——期待有人提供解除低潮的药方。所以，只要你有把握，在你的反面诉求使对方感到不开心、需要解药时，能接受你的建议，或把你当成英雄，那么就可以达到你想要的沟通目的。

3. 象限二与象限三的操作关键

象限二理性分析正面诉求与象限三理性分析反面诉求是指：根据数字、对比法、专家研究、实验证明、调查统计、事实情况、过去经验……等等做出的分析。然后进一步合理推论出正面或反面诉求。

4. 越客观中立越好

象限二理性分析正面诉求与象限三理性分析反面诉求的关键在于理性分析。理性分析的内容必须有凭有据、有道理，同时，越客观中立越好。一旦达到以上条件，无论正面或反面诉求都能发挥最大效果。

5. 象限四操作关键

象限四感性呼唤反面诉求与象限一感性呼唤正面诉求是指应用感性的表达方式，唤醒人类内心深处的情感，进一步诉求未来将会是正面或反面的结果。

6. 象限四与象限一的关键在于感性呼唤

象限四感性呼唤反面诉求与象限一感性呼唤正面诉求的关键在于感性呼唤。感性呼唤的内容必须是对方在乎的人、事、物，同时，用词必须能感动人，语调必须真情流露。如此一来，无论反面或正面诉求都能发挥最大效果。

7. 象限四与象限一最好是使用疑问句结尾

象限四与象限一感性呼唤＋正反面诉求的结尾，最好是使用疑问句，因为疑问句有引导思考或反思的效果，可以加强影响效果。

8. 反面诉求是一刀两刃

特别强调：反面诉求是一刀两刃，而且非常锐利，使用得当就可以达到沟通的目的，反之则会重伤自己。所以，反面诉求忌讳用得太早、太多、太重。一旦触犯了对方的禁忌或超越了对方忍耐的程度，不但会抗力剧增，达不到沟通的目的，还可能演变为反目成仇的结局，不可不慎！

9. 四个象限的应用顺序可灵活调整

四个象限的应用不必拘泥于使用上的顺序。一般从象限二开始，再到三、四，最后才回到象限一的顺序，经验上是最理想的用法。例如,前面保肝的示范。

10. 每一个象限都可以单独使用

每一个象限都可以单独使用,不必四个象限都用上。只是考虑到单独使用象限三或象限四的时候,对方的情绪可能始终在低点,所以,最好辅以象限一或象限二,帮助把对方拉回到正面情绪。

"画话"小行动 ♡

画话象限图的沟通威力,等你来体验!

遇到目的性很强的沟通,例如演讲、销售或进行重要说服时,请务必使用这个超有效的象限图架构来设计话术。每个象限都可以单独使用,当然也可以四个象限一起用。使用时请记得要从象限一或二开始(愉快的开始),经过几次象限三或四的诉求后,最终再回到象限一或二(开心的结束)。

现在就拿起笔来试试看吧!

情境一:年底业务会议上,你想激励下属充满信心地挑战明年增长一倍的业绩目标。

> 情境二：在对新开发客户进行业务介绍时，你想突显自己产品与公司的优势，给客户留下深刻印象。

跟着 A 咖导演学"画话"
李安因巧用人性，得奖数量名列华人导演之首

全球电影界里的华人导演何其多？张艺谋、陈凯歌、冯小刚、杜琪峰、侯孝贤、蔡明亮等。为何唯独李安获得奥斯卡金像奖？并且也是获得最多国际大奖（三座奥斯卡金像奖、五座英国电影学院奖、四座金球奖、两座威尼斯电影节金狮奖以及两座柏林电影节金熊奖）的华人导演？原因固然很多，但我认为，李安的电影对于人性的刻画总能入木三分是关键因素，尤其在理性与感性这一主题的诠释上，更让我感同身受。

我们以《色戒》为例：我认为李安试图用他独特的电影语言告诉我们，每个人血液中始终蕴藏着理性与感性的性格；而当理性与感性必须相互对抗时，最后感性的力量往往会战胜理性的力量。

首先，"色"代表感性、"戒"代表理性，李安的电影名称就在预示着理性与感性终将一战！而"色"与"戒"这两个极具诱惑的文字，也直接挑起了观众理性与感性的神经——那是一部情色片吗？还是……？要去看，不要去看？

电影背景是在中国抗日战争期间的上海与香港，当时汪精

第四章
跟着Ａ咖学"画话"——说出画面感

卫在南京成立日本在华的傀儡政府，直接对抗设都在重庆的国民政府。故事描述一名大学话剧团里的年轻女团员王佳芝（汤唯饰演），被国民政府的情报单位吸收，假扮成贸易商人的太太，密谋色诱并暗杀汪精卫政府的特务头目易先生（梁朝伟饰演）。

当王佳芝色诱成功之后，她与国民政府特务原本有机会刺杀易先生，却因为她动了真情，临时改变心意，袒护易先生，让易先生逃过杀身之祸。事后，当易先生发现王佳芝是国民政府特务时，毅然决然地指派手下枪决了王佳芝。

李安用这样的结局告诉我们：王佳芝因为动了真情，放弃了暗杀的任务——感性的力量终究还是战胜了理性的力量。

而易先生呢？他派人枪决了王佳芝是不是就代表易先生的理性战胜感性了呢？其实不然。大家可知道梁朝伟因为这部电影而获得金马奖影帝头衔？当王佳芝被枪决之后，易先生独自一个人回到与王佳芝同住的房间，抚摸着床边，冷酷中透着极度伤感。梁朝伟就是因为这一幕获得评审的高度肯定，也是这一幕，李安还是暗示了感性再次战胜理性——因为当两人爱到最深处却又不能在一起时，独活的人将是世间最悲情的人，易先生最终将独自承担所有的痛楚。

回想当年，李安还因为这部戏里的激情床戏备受争议，他一度被质疑为何坚持甘冒沦为情色导演也要拍摄六场共十几分钟的激情床戏？其实，我非常认同李安的做法，因为像易先生这种超理性、超冷酷又无情的性格,唯有在床上与真爱独处时,才会释放所有的情感,也唯有从那几段激情戏中才能看出,易先生也对王佳芝动了深深的真感情。

从李安的电影看人性颇为有趣,同时也道尽理性与感性间微妙的关系。我非常愿意认定感性力量大的人类本性。君不见,常有人为爱、为国家、为民族愿意牺牲、奉献一切,而且这力量可能大到超乎你我的想象。

既然感性力量大,不但经常超越理性的力量,并且可能无限大,那么,当我们在与人沟通时,要是能够深谙并善用感性的力量,将会实现更加有效的沟通或更加轻松地说服对方。

跟着艺人 A 咖学"画话"
迈克尔·杰克逊用感性呼唤改变世界

感性呼唤最厉害的地方在于成功唤醒人类最深层的爱,那层爱一旦被唤醒,威力可以是无限大的。当然,这些爱还可能是亲情——家人之间的爱;友情——朋友、同事之间的爱;爱情——情侣之间的爱;以至于人对动物、事物、大自然的爱;等等。只要能触动对方内心感性的那根弦,就能产生强大的效果。

善于感性呼唤的艺人——迈克尔·杰克逊

我的超级偶像迈克尔·杰克逊(Michael Jackson)就是非常善于感性呼唤的艺人。我最喜欢的一首歌是由他亲自作词、作曲、编曲和制作的《地球之歌》(*Earth Song*),是迈克尔·杰克逊的公益三部曲之一。这首歌创作于 1995 年,当时世界战争不断,污染日趋严重,迈克尔·杰克逊在这样的历史背景下创作了《地球之歌》,歌词里全部使用疑问句的形式表达他的感性呼唤,呼唤世人必须觉醒、反思。例如:日出呢?雨呢？还有你说过，我们会得到的一切呢？你有没有看到？地球在流泪，海岸在哭泣？等等。

歌曲不断流传出去。至今，人类虽然还没有全面觉醒，还未停止破坏地球，但谁也不能否认，迈克尔·杰克逊通过他的歌曲默默地影响着无数人。至少，这么多年下来，人类终于逐渐觉醒，也开始了各式各样的环保运动。

迈克尔·杰克逊为了让《地球之歌》的影响力更加强大，还增加了各种表达形式的元素。他为这首歌拍摄MV，在MV中把自己塑造成一个失落世界的救世主形象。他为被人类破坏的环境、被战火摧残的世界，以及无数被无辜屠杀的野生动物而悲泣。（感性呼唤＋反面诉求）

该影片最具震撼性的场面出现在最后：世界各地心灵受到创伤的人与迈克尔·杰克逊一起在焦土上进行一种奇特的仪式，悲切地呼唤着大地之母。最终，大地之母回应了地球之子的请求：在闪电雷鸣、狂风怒号中，在迈克尔·杰克逊绝望无助的呐喊中，死者复活，万物重生！（感性呼唤＋正面诉求）

这部被誉为迈克尔·杰克逊拍摄过的最棒的MV，引起了世人的共鸣。然而，这个已经充满危机的世界，真正得救之道，还有赖于人类自身的觉醒，即刻采取行动，并且持续不懈地努力。因此，迈克尔·杰克逊用了另一首脍炙人口的歌曲《镜中人》(*Man in the Mirror*)，以感性呼唤来鼓励大家改变从我开始，呼唤大家起而行，精神与《地球之歌》遥相呼应：我要做一次改变,一生一次;我要从镜中之人开始做起……如果你想要改善这个世界,那么,先审视自己,然后做出改变……(以自我反思的方式感性呼唤)

用感性呼唤来"画话"

一直以来,迈克尔·杰克逊就非常善于"玩人性",他总能应用感性呼唤哭倒一堆人——从尖叫到哭泣、从激动到晕倒送医……其实,只要我们仔细解析迈克尔·杰克逊的歌词,即可发现看似简单的歌词里,隐藏着许多"画话"技巧的综合应用。

以《地球之歌》为例,歌中除了引发思考的疑问句之外,还有许多关键性的感性呼唤——还有你说过,我们会得到的一切呢?属于你和我的所有梦想呢?以及利用关键性的感性呼唤进行反面诉求——你是不是忘了,战争中死去的那些孩子?通过感性呼唤引发自我反思——大象呢?我们是不是已失去它们的信任?另外,歌中还使用比拟描绘——地球在流泪,海岸在哭泣。用具象化描绘来进行反面诉求——你是不是忘了,我们曾经挥洒的血汗?百花争艳的大地呢?我曾经遥望群星之上,如今不知我们身在何方?

这首歌中还有许多使用比拟描绘、感性呼唤、反面诉求等"画话"技巧的例子,聆听整首歌就是一场画话之旅!各位可以买这张专辑亲身感受一下《地球之歌》的音乐以及视觉呈现，同时再搭配对歌词的深度解析，了解他如何巧妙地运用各项"画话"技巧。

听完之后，如果你深受感动，非常正常；如果听上瘾了，请不要骂我！

跟着职场A咖学"画话"
看OL如何用画话技巧搞定难搞上司

Amy是一位公司的活动企划部副经理。周二一早,她就接到一个坏消息:她一手策划的活动预算被删减了,申请增加助手的要求也被老板否决了。她的心情非常沮丧,一度想干脆放弃算了,认命地接受这个结果。

就在这一刻,她看到公司墙上挂的激励海报:放弃之前,再试一下!当下,她受到激励,决定向她的上司Bill再争取一次。而且,这一次绝不能只是把签呈重新送一次而已。Amy一边回想老板Bill的个性特质,一边思考如何使用"画话"技巧来说服老板。(先确认沟通对象为感性大于理性的性格,拟定"简易性理性分析+高强度感性呼唤"的沟通原则。)

她找出公司过去一年的业绩报表、今年的业绩目标与进度表、活动预算规划、部门人力变化图以及主要竞争者泛达公司的相关资料等。经过一番分析与整理,她心中为之一振,在经过一番思考与沙盘推演之后,她决定立刻出击——她邀请Bill当天中午一起共进午餐。她找了一家距离公司稍远,但Bill常光顾的餐厅,而且特别选在一处颇为独立的位置。(理性分析的

准备+特意安排的环境语言）

中午用餐时分，在一阵闲聊之后，Amy 突然叹了一口气，停顿了几秒钟。这突如其来的动作引来 Bill 的关切："怎么啦？有心事吗？"（应用语调营造氛围）

"嗯。我早上看到一份有关泛达的情报，根据里面的资料，他们今年的活动预算不但没有减少，反而大幅增加了百分之四十五，我听说他们还会增加举办两场大型活动。"Amy 先是悠悠地说，接着语气突然转为激动，"这分明就是想要压制我们嘛！"（简易性理性分析+反面诉求+声音表情）

"哦。那你有什么看法？"Bill 问道。

这一"哦"使得 Amy 信心大增，因为她清楚地感觉到 Bill 对这个情报的惊讶与重视。她说："我认为这代表他们对未来市场持极为乐观的态度，也可以嗅出他们想要超越我们的企图。"（察言观色+简易性理性分析+反面诉求）

"嗯。"Bill 专注地听着 Amy 的分析。

"其实，我们都知道泛达这半年来的业绩增长很惊人，我担心一旦他们追上来了，会直接威胁老板您在业界独霸的地位。"（简易性理性分析+关键性感性呼唤+反面诉求）Amy 这么一说，Bill 本来要把菜往嘴里送的动作停住了，放下刀叉，若有所思地等着 Amy 继续说下去。

"不过，我对这件事情还是很乐观。"Amy 的语调突然变得热络起来，"因为，我比对了一下双方的相关资料，发现过去半年，我们公司的增长率与规模不但不输给泛达，每个月还领先了百分之十到二十。而且，从报表中可以看出，我们的活动效益比泛达高出百分之八以上。所以，只要我们持续保持现在的战斗力，仍然可以大幅领先泛达。"（数字魔法术＋简易性理性分析＋正面诉求）

Bill总算把刚刚的那口菜吃了进去，并且示意Amy继续说下去。

"老板，您是我们的顶梁柱，我们都很期待再看到您过去的霸气。您不用担心预算提早被我用完，只要绩效显著，相信董事长还是会继续支持我们的。更何况，保持大幅领先泛达，确保老板您在业界的地位，应该是我们最重要的目标，不是吗？"（活力泉源＋关键性感性呼唤＋疑问句引导思考）

Bill赶紧放下刀叉，擦了一下嘴巴，说："好。你下午就把方案重新送上来，而且我要你再多搜集一些泛达的相关资料。这个星期五上午我们召开一个会议，讨论一下下半年的活动计划。"

"如果这样，我们势必需要增加人力才有办法快速进攻，您说是吗？"Amy发现机不可失，决定乘胜追击。（疑问句引发思考）

"我知道你们的工作负担都已经很重了，但是，你也知道我们现阶段的人力政策，要增加人手恐怕有点困难……"Bill碍于公司的人事精减政策,一时间犹豫起来,丝毫看不出以往的霸气。

"那如果我们付一点费用,通过人力派遣的方式来解决这个问题呢?我们可以签订半年的派遣合约,这样,我们可以很快获得人力上的支援,但又不会增加公司长期的雇佣成本,您觉得如何呢?"("画"功能为利益+疑问句)

"嗯,我想这样人力资源部门也没话说了,我们就朝这个方向进行吧!"显然 Bill 非常同意 Amy 的这项提议,瞬间改变了态度。于是,在一顿午餐之后,Amy 顺利地让企划案复活,也争取到增加人力的机会。"画话"成功!

"画话"小行动 ♡

善用"画话"技巧,搞定职场人际关系!

身在职场这个江湖,难免遇到难搞的上司、同事或客户;错综复杂的职场人际关系,让人伤神又伤心!不过现在你不用担心了,因为你有了"画话"技巧这个秘密武器!

下次再遇到这些问题时,请学学本文中的 OL,"善用"画话技巧来搞定对方吧!

运用画话技巧搞定职场人际关系的两大步骤:

步骤一：先确认沟通对象为感性大于理性还是理性大于感性的性格。

步骤二：拟定沟通原则。

△面对理性大于感性的人，使用高强度理性分析＋关键性感性呼唤。

△面对感性大于理性的人，使用简易性理性分析＋高强度感性呼唤。

案例	步骤一：确认沟通对象理性／感性偏向	步骤二：拟定沟通原则	可以使用哪些画话技巧
向小气主管争取加薪（三年未调薪了）			
向事必躬亲的主管争取活动主导权			
你的案例			
你的案例			

跟着 A 咖新人学"画话"
他，就是这样拿到工作机会的

相信大家都有求职面试的经验，也一定同意面试是高目的性的沟通。成功面试就如同成功沟通一般，应试者同样可以从本书的加努力、减抗力、用人性三个方向来看看自己可以做哪些事，运用哪些"画话"技巧，并且适时、适当地表现出来。

以下，我们来看一段运用画话技巧进而成功争取工作机会的应试过程，并请注意每一段的画话技巧分析。

"好的，非常感谢您给我的机会。我是东华大学社工系毕业的，所以我喜欢探索人性，也很喜欢与人接触的工作。我经常在暑假期间到一些社会福利机构实习，我发现人是很有趣的灵长动物，所以只要是跟人有关的工作我都有兴趣。"（应聘者在自我介绍一开始就懂得争取好感。）

"我认为你这样说表示你不知道你要什么！这是很危险的事哦！"面试官回答。

"感谢陶经理的指正。"（应聘者聪明地用感谢词当开头语，并称对方头衔。）

"等等，你怎么知道我是陶经理？"

"您挂的名牌上不是写着人力资源部经理陶金莹吗？呵呵！"

"嗯，你果然有好奇心，很好！请继续说。"（应聘者很敏锐地观察到对方的头衔并善加应用，获得面试官好感。）

"我刚刚踏入社会，的确不知道真正要的是什么。不过，我知道营销企划就是跟人有密切关系的工作。"（应聘者勇敢承认自己已经曝光的缺点，也是争取好感的做法，有利于建立自己的可信形象。）

"你这句话没错，不过，老实说，营销企划不是一件简单的工作，这是需要一些经验的。"（面试官刻意不断挑战应聘者。）

"那我真是太荣幸了，我没有任何正式的工作经验，陶经理却愿意面试我。"（应聘者适时适当地应用感谢词又一次争取好感。）

"哦。那是因为我在你的简历中看到你描述了参与一些社团活动跟实习的经验，感觉你还蛮有营销概念的。"（应聘者一定要在个人履历上具体呈现出自己的优势，优势的关键不在于经验，而在于你做人、做事与学习的态度，并且最好通过案例具体呈现。）

"感谢陶经理的赞美，我非常认同刚刚您说的'经历不等于能力'这句话。我也曾经在一本《画中有话》书中看到一句同样道理的话：'做过不一定会做，没经验的胜过有经验的一点也不为过。'所以，能不能胜任一份工作，关键不在经验，而在态度。我在贵公司的官网上，发现你们有一套很有系统的教育训练。嗯，抱歉，让我看一下笔记……"纳豆翻开他一开始就放在桌上的笔记本，并念出该公司官网上的几个课程名称。（以上这段话是纳豆最后被录取的关键：一、感谢词挂嘴上，这就是做人态度；二、适时、适当地认同对方，给对方成就感；三、应用巨人肩膀——畅销书里的名言，暗示面试官要注意到你的学习态度；四、纳豆事先知道自己的缺点，先是勇敢地承认，然后再用名言为自己的缺点扳回一城；五、适时地应用他事先查询的应试公司网站的信息也是高招，不但为自己解了围，还让面试官感受到应聘者认真的态度；六、纳豆准备一本笔记本同样是争取主观分数的高招，还刻意提醒面试官注意这个动作。）

纳豆继续说："我觉得系统化的教育训练就像醍醐灌顶一样，通过快速吸取前人的宝贵经验，可以缩短后辈学习的时间，这是我要来台基电面试的原因，也是我为何没经验还敢来面试的原因。只要我愿意学习，按照台基电培育计划，我相信自己很快就能胜任这份工作了。陶经理认为呢？"（一、应聘者又一次为自己扳回一城，并给了面试官一个强有力的录取理由；二、适时地用该公司的名称替代"贵公司"是聪明做法；三、适时适当地应用疑问句引导对方思考对自己有利的问题是一个高招。）

……

"好的，今天真的很感谢陶经理给我时间，要是明天能接到您的录取通知，将是对我最大的鼓励，我一定会珍惜的，期待再相见！"（应聘者保持一贯的诚恳态度，并且不卑不亢地表示期待获得工作机会。）

如果大家认为故事中的纳豆表现不错的话，是因为他在加努力、减抗力、用人性三个环节上都做了微妙的应用。除了括号内的说明，纳豆敏感地从面试官的仪表，以及她会用"请"字对待应聘者的行为，大胆判断面试官是一位感性大于理性的人，所以，他聪明地争取到极高的主观分数，弥补了他在客观分数上的劣势。

接下来，我们整理出应聘方该如何正确应聘而得到工作的关键点。

加努力

应聘者可以这样做：

1. 从抵达面试公司大楼开始就进入应聘阶段

从抵达面试公司大楼开始，就应该当作已经进入应聘阶段。你可以扮演有礼、热心的角色，例如当有人同时要进电梯时，应聘者应该礼让，或者扮演负责电梯开关的服务者，因为此刻非常有机会遇到面试官。

2. 尊重前台小姐

如果面试公司有前台小姐，应聘者应该要对她特别讲究礼仪，以及表现出对她的重视。因为一家公司的前台小姐往往是职位最低的，平时很可能被同事忽视或总是扮演被使唤者。一旦你反过来对她特别尊重，她也会特别对待你，甚至在面试过程中助你一臂之力。

3. 有技巧地赞美该公司或面试官

应聘者应当非常有技巧地赞美该公司或面试官，但千万不要刻意或过当赞美，例如，应聘者不能一开始就赞美面试官："哇，您好漂亮！"或"哇，您的项链很好看！"这种赞美往往会被解读为刻意讨好面试官，反而增加了抗力。应聘者应该在面试过程中赞美于无形。例如："刚刚您说的这句话我觉得非常有意义。""我非常认同您这个观点……"或"……我今天从您身上学到很多！"

4. 主动提及该公司名称或面试官的头衔

多多主动提及该公司名称或面试官的头衔。笔者在担任面试官时，就曾遇到应聘者竟然不记得面试公司名称，也不知道面试公司是什么行业，这表明应聘者不用心，被录取的机会极低。反之，应聘者不但要清楚面试公司的各种基本信息，也要有意无意地提及该公司的某些成就或公司理念；在对话时更要把对方公司名称或面试官的姓与头衔挂在嘴上，以表示应聘者的尊重与用心。

5. 在面试时充分应用笔记本

应聘者应该在面试时充分应用笔记本。依笔者的经验观察，多数应聘者都是两手空空地应试，其实这是错失了应聘者争取好感的大好机会。应聘者应该随身携带笔记本，并且在第一时间就要摊开来放在桌上。

减抗力

应聘者必须注意以下几点：

抵达面试大楼时，应该注意形象，谨言慎行，因为在这些地方碰到关键人物的机会很大。

如需填写复杂文件或必须等候时，绝对要避免露出不耐烦的表情。（温馨提示，此刻已经正式进入面试环节了。）

不能对该公司所处行业或该公司的业务性质一无所知。

过当或不当的打扮往往会被扣很多分数，所以应试前必须先做好功课，先了解该公司的行业特质与企业文化，并做相符的打扮。

用人性

还记得前面谈到理性与感性的性格区别吗？如果应聘者能特别注意面试官的性格偏向，并把握机会适当应用，将能为自己争取到更大的成功机会。

一般来说，面试官心中往往存在两种分数：一种是根据应聘者客观条件所给的客观分数，例如学历、经历、过去的工作表现等；另一种则是根据应聘者当时的言行举止，面试官根据自己的个人感受所打的主观分数。

1. 理性大于感性的面试官

理性大于感性的面试官通常会在客观分数上偏重一些。此时，应聘者比较难通过加努力争取面试官的主观分数，因此必须更专注突显自己的优势或专长。应答时尽量使用条列式表达法，并且说出具体行为事例，例如：第一，我当时的做法是……，第二，为了……我特别做了……，第三，我做了……

2. 感性大于理性的面试官

面试官如果是感性大于理性者，则会偏重主观分数多一些。此时，应聘者应该多做一些加努力所列举的技巧，以争取更高的主观分数。例如：适时、适当地赞美对方，给对方成就感。

3. 理性与感性趋于平衡的面试官

如果你发现面试官是理性与感性趋于平衡者,就要懂得融合前面两者的应对方式,既要争取主观分数,也要争取客观分数。

4. 真诚的态度是基础

最后,不管你面对什么性格的面试官,有一个原则是绝对可以为自己加分的,那就是态度:做人的态度、做事的态度、学习的态度等。并且要在履历中、应试时展现出来。以真诚的态度为基础,再加上适当的"画话"技巧,相信你绝对能在面试中脱颖而出!

"画话"小秘诀 ♡

快速分辨面试官的性格偏向,用好笔记本。

如何快速分辨面试官的性格偏向?

如果你发现面试官有以下特征,则可以判断面试官是理性大于感性者:

△ 比较冷静严谨,讲究面试程序;

△ 不大关心应聘者的感受;

△ 面试氛围偏严肃;

△说话与问话明显喜欢应用数字、就事论事。

如果你发现面试官有以下特征，则可以判断面试官是感性大于理性者：

△比较讲究穿着；

△比较亲切友善。例如，常带有笑容；会主动关心应聘者——询问应聘者来应聘的交通状况，甚至会请应聘者放轻松、请应聘者喝水等；

△更加尊重应聘者。例如，"请"或"谢谢"常挂嘴上。

如果是理性与感性趋于平衡的面试官，应聘者应该会发现对方既讲究流程，也讲究穿着；有严谨的时候，也有轻松的一面。

应聘时的笔记战术

笔记可以说是应聘时的秘密武器。你可以在两种情况下应用：

△回答问题时，可以适时看一下笔记，借此展示自己是有备而来的。关于应聘公司的相关信息，有些可以记在脑海里，有些可以写在笔记里，让面试官知道你我非常重

视这次机会，有做事前准备的好习惯。

　　△当应聘者听到面试官说到一些重点或者很有道理的话时，请拿起笔记录下来，这样做可以暗示面试官你有做笔记的好习惯。同时，面试官一定也会因此而产生被鼓励的成就感，对应聘者有绝对的加分。假设应聘者的分数处在录取边缘时，这将会是关键分数。

后记

"话"画好了,然后呢?

阅读至此,各位应该已经学会许多"画话"高招了。相信大家一定能深切感受到,同样一句话,平铺直叙和"画话"式说法真的有很大不同!如果能使用画话技巧来改善、提升自己的表达形式,就可以不断优化沟通效果与说话魅力。此外,你也可以再增加一些具体的表达形式,让沟通效果好上加好。以下是我依照过往经验归纳出来的心得。

表达内容	表达形式	
	效果有限	印象深刻
一个想法	纯粹口述	口述加辅助工具 例如:纸笔、图表、多媒体……
比较分析	口头比较分析	口述加辅助工具 例如:比较表、科学数据……
说服对方向善	讲道理,扮演说教者	讲故事;借助沟通环境与氛围 例如:邀请对方到清静的山上寺庙,或者参与对方活动,扮演换帖角色

（续表）

表达内容	表达形式	
	效果有限	印象深刻
要求小孩读书	吆喝式的命令，扮演父母角色	父母本身也拿一本书陪同小孩一起看书，扮演同学的角色
销售产品	讲述产品优点	1.实验比较；2.点出客户问题或需求；3.产品体验；4.应用本书的各种技巧
邀请朋友参加你的生日派对	告知，给对方时间、地点	邀请函加一段感性的话
求婚	直接表白求婚	……（读者们肯定有 N 个比直接表白求婚更好的表达形式！）

  本书介绍的画话技巧都是笔者长期使用的，并亲身感受到强大效果；这些技巧也是所有人都能轻易上手、快速享受成效的。如同本书一开始所言，希望大家能够通过本书轻松学习各种画话技巧，让自己的"话"更生动，更有色彩，更能打动人心，进而拥有好人缘，拥有成就感，拥有好业绩！就像"卖衣王子"及书中无数个 A 咖一样，通过好口才带给人成就感与好心情，在谈笑中逐步提高自己的影响力与沟通实力，成为快乐的"人生胜利组"！

  就从今天开始，一起"话中有画"吧！